MARIA HENK
Als Rangerin im Politik-Dschungel

Wie ich in der afrikanischen Wildnis
die deutsche Politik verstehen lernte

Maria Henk, Jahrgang 1987, ist ausgebildete Journalistin und war knapp neun Jahre lang Pressereferentin von Bündnis 90/Die Grünen. Schon als Kind träumte sie davon, dem Ruf der afrikanischen Wildnis zu folgen. Doch zwischen diesem Traum und ihrem Berliner Politikalltag lagen Welten. Von der Liebe zur Natur und der Lust auf Abenteuer angetrieben, nahm sie sich 2018 eine Auszeit und machte eine Rangerausbildung in Botswana, in der sie nicht nur viel über Flora und Fauna lernte, sondern auch über sich selbst. Mit elftausend Kilometer Abstand zu ihrem Schreibtisch erkannte sie, wie viel sie in ihrem Politik-Job bewegen kann. Heute lebt und arbeitet sie in Mecklenburg-Vorpommern – die Natur direkt vor ihrer Haustür.

MARIA HENK

Als Rangerin im Politik-Dschungel

Wie ich in der afrikanischen Wildnis
die deutsche Politik verstehen lernte

IMPRESSUM

1. Auflage 2022 / Deutschland
© 2022 Kopfreisen Verlag
Sonnenstraße 116, 44139 Dortmund
www.kopfreisen-verlag.de

Autorin: Maria Henk
Als Rangerin im Politik-Dschungel - Wie ich in der afrikanischen Wildnis die deutsche Politik verstehen lernte

Lektorat: Romy Schneider, Kopfreisen Lektorat
www.kopfreisen-lektorat.de

Covergestaltung / Illustrationen: Florian Schmeling
www.florianschmeling.de

Layout & Satz: Stefanie Scheurich
www.stefaniescheurich.de

Foto: © Sophie Kindler

Dieses Buch ist auch als E-Book erhältlich.

Bibliografische Information der Deutschen Nationalbibliothek:
Die Deutsche Nationalbibliothek verzeichnet diese Publikation in der Deutschen Nationalbibliografie; detaillierte bibliografische Daten sind im Internet über dnb.dnb.de abrufbar.

Herstellung: BoD - Books on Demand, Bad Hersfeld

ISBN: 978-3-910248-02-1

INHALT

Gender-Disclaimer

Aus Gründen des besseren Leseflusses wird auf die gleichzeitige Verwendung der Sprachformen männlich, weiblich und divers (m/w/d) verzichtet. Sämtliche Personenbezeichnungen gelten gleichermaßen für alle Geschlechter.

Bevor es losgeht

Dieses Buch ist der Versuch, Parallelen zu ziehen, wo es auf den ersten Blick keine gibt. Es soll einen unterhaltsamen Einblick in zwei grundverschiedene Welten geben. Nicht mehr und nicht weniger. Natürlich ist die ein oder andere Situation überspitzt, der ein oder andere Sachverhalt vereinfacht und abgewandelt dargestellt. Doch geht es vor allem darum, Beobachtungen und Gedanken, basierend auf meinen Erfahrungen während der Rangerausbildung in Botswana und dem Politikalltag als Pressereferentin in Berlin, zusammenzubringen und zu vergleichen.

Die Rangerschule besuchte ich im Frühjahr 2018, die Anekdoten aus der Politik stammen aus den vergangenen zwanzig Jahren. Ich selbst habe von 2013 an für mehr als acht Jahre als Pressereferentin für die Grünen gearbeitet, erst in der Bundestagsfraktion, später in der Parteizentrale. Doch hat dieses Buch den Anspruch, weit über den grünen Tellerrand hinauszublicken.

Die Orte, die ich beschreibe, sind real. Die Erlebnisse, die ich skizziere, sind echt, oft aber stark eingedampft und zusammengefasst. Die Personen, die meine Geschichte prägen, habe ich wirklich getroffen. Zum Schutz ihrer Privatsphäre habe ich ihre Namen geändert. Die Parallelen, die ich ziehe, sind in meinem Kopf entstanden, zum Teil auch erst nach meiner Rückkehr und mit etwas Abstand. Geschrieben habe ich das Buch in mehreren Etappen, finalisiert habe ich es schließlich erst mehrere Jahre nach meiner Reise, mit ausreichend Muße und Zeit.

Dieses Buch erhebt keinerlei Anspruch auf fachliche Vollständigkeit. Eine wissenschaftliche Adelung in Form eines Doktortitels würde es sicherlich nicht bekommen, aber vielleicht ein Lächeln des Lesers. Es ist nicht weniger als eine Einladung, sich auf ein ungewöhnliches Experiment einzulassen und gemeinsam auf die Reise zu gehen …

Vom Aufbruch ins Abenteuer

»O nein, nicht schon wieder!« Es ist ein Mittwochabend im Herbst. Ich sitze mit einer Freundin in einem gemütlichen japanischen Restaurant in Berlin-Mitte. Zwischen uns steht eine große Sushiplatte für zwei Personen und eine Flasche Riesling. Auf diesen Abend habe ich mich schon lange gefreut. Endlich mal wieder stundenlang quatschen, über das Leben, den Job, die Männer. Bisher lief alles wie geplant, das Ambiente ist einladend herzlich, Wein und Sushi sehen verdammt lecker aus, die Stimmung ist ausgelassen, heiter, voller Vorfreude. Bis mein Diensthandy klingelt.

»Grüne Pressestelle, Maria Henk«, raune ich mit leicht genervter Stimme ins Telefon. Ich schalte direkt um auf Autopiloten, schon tausendmal habe ich diese Begrüßung gemurmelt. All die Jahre, die ich in der Pressestelle der Grünen auf dem Buckel habe, immer und immer wieder zu den unmenschlichsten Zeiten an den ungewöhnlichsten Orten. In der Sauna, am See, an der Kletterwand hängend. Mein Handyklingeln kennt kein Pardon und erreicht mich in den unpassendsten Situationen. Von meinen Mitmenschen werde ich oft ungläubig angeschaut, wenn ich nur mit einem Frotteehandtuch bekleidet vor der Sauna stehe und mit Spitzenpolitikern ihr Fernsehinterview für den nächsten Morgen bespreche – für mich mittlerweile normal.

Als Pressereferentin sitze ich an der Schnittstelle zwischen Medien und Bundespolitik; und da gibt es keine Sendepause. Die erste Besprechung am Morgen mit Blick auf die tagesaktuelle Presselage mache ich meist schon telefonisch parallel zum Frühstück. Während der Tee noch dampft, inhaliere ich bereits die Nachrichten. Der letzte berufliche Termin, die Begleitung zu einer Talkshow oder zu einem feierlichen Presseempfang endet nicht selten kurz vor Mitternacht. Dazwischen liegen viele Stunden, vollgepackt mit Pressemitteilungen, Fotoshootings, Gesprächen mit Journalisten und diversen Teambesprechungen zu guten Botschaften und knackigen Forderungen.

Viel Arbeit, viel Spannung, wenig Freizeit – so würde ich meinen Job in wenigen Worten beschreiben. Einzige Ausnahme sind Wahlkampfzeiten, da wird das Arbeitspensum noch einmal verdoppelt. Und das über Wochen und Monate. Dann beginnen die Tage früher und enden später, der Takt wird höher, noch mehr Interviews und Talkshowbesuche.

Politiker feiern Bundestagswahlen oft als »Festspiele der Demokratie«, was rein objektiv betrachtet natürlich stimmt. Für mich ist es aber ein fließender Übergang von den Demokratie-Festspielen hin zu einem persönlichen Überstunden-Drama.

Und ich spreche aus Erfahrung: Mehrere Wahlkämpfe habe ich mittlerweile mitgerockt, der letzte liegt noch nicht lange zurück und steckt mir immer noch tief in den Knochen. Das Privatleben bleibt in solchen Phasen auf der Strecke. Deswegen ist mein Plan, heute Abend einiges nachzuholen und meinen Freundschafts-Akku wieder aufzuladen. Hier und jetzt, mit guter Unterhaltung, halbtrockenem Riesling und Sushi.

Doch wenn ich etwas in den letzten Jahren gelernt habe, ist es eins: Politik heißt, immer erreichbar sein. Zeit zum Durchschnaufen gibt es kaum. Schon gar nicht, wenn die eigene Partei mitten in Sondierungsgesprächen steckt. Eine Zeit, in der es immer wieder vorkommt, dass Informationen durchgestochen werden und Inhalte vertraulicher Gespräche am nächsten Tag in der Zeitung landen.

Mal geht es um inhaltliche Punkte, bei denen die eigene Partei gegenüber dem Gesprächspartner eingeknickt sein soll. Mal um Ministerposten, die angeblich schon im Hinterzimmer verteilt wurden. Der Wahrheitsgehalt solcher Meldungen liegt meistens bei null, der Arbeitsaufwand, um sie wieder aus der Welt zu schaffen, ist hingegen um einiges höher.

Genau darum geht es nun bei diesem Anruf. »Können Sie die Meldung bestätigen, dass …?«, fragt die Journalistin am anderen Ende der Leitung. Ich höre mir an, was das neueste Gerücht ist, während ich sehnsüchtig auf das Sushi vor mir schiele. Meine Freundin verdreht nur die Augen, ich zwinkere ihr zu. Ich kann weder dementieren noch bestätigen. Denn zwischen den Sondierungsgesprächen und meinem Mädelsabend liegen Welten.

Also leite ich die Anfrage an meine Vorgesetzten weiter, die in der Regel besser informiert sind. Trotzdem heißt es jetzt für mich, ihnen zuzuarbeiten. Also Laptop auf, Medienlage beobachten, schauen, ob sich die Meldung weiter verbreitet.

Quality Time ade. Die nächste Stunde hänge ich mehr am Laptop als an den Lippen meiner Freundin. Dann irgendwann, als sie schon die halbe Flasche Wein alleine getrunken hat, klappe ich den Laptop zu. Schnell. Bestimmt. Frustriert.

»Ich muss was ändern«, stöhne ich. »Mal raus aus der Politik, was anderes machen, den Kopf freibekommen.«

Meine Freundin brauche ich nicht lange überzeugen. Sie kennt mein Klagelied. Schon seit Jahren nagen Zweifel an mir, ob das Hamsterrad Politik wirklich das Richtige für mich ist.

Sehr früh, mit Mitte zwanzig, habe ich den Job als Pressereferentin bekommen. Damals für mich der absolute Traumjob. Ich erinnere mich noch gut daran, dass ich vor Freude weinte, als ich die Jobzusage erhielt. Seit meinem Abi hatte ich den Wunsch, genau dort zu landen, wo ich jetzt stehe. Immer am Puls des politischen Berlins. Mittendrin im Zentrum der Macht.

Voller Motivation und Stolz bin ich in die aufregende Politikwelt hineingeschlittert. Doch mit jedem Jahr hat der Traumjob an Glanz verloren. Prozesse wiederholen sich, Themen und Debatten auch, Konfliktlinien bleiben die gleichen. Kurzum: Es gibt nur wenige Überraschungen, geschweige denn Abenteuer. Manchmal kommt es mir vor, als wäre ich bereits Jahrzehnte im Geschäft. Wenn man sich mit Mitte dreißig jedoch wie eine ausgebrannte Politik-Oma fühlt, ist das kein gutes Zeichen. Dann muss man etwas ändern.

So sieht es auch meine Freundin: »Probier was Neues aus, unbedingt!«, redet sie mir ins Gewissen. Und als wolle sie ihrem Ratschlag noch mehr Nachdruck verleihen, schenkt sie mir einen ordentlichen Schluck Weißwein ins Glas.

Vom Wein motiviert, fangen wir an zu spinnen: Was könnte ich machen? Schildkröten schützen auf den Seychellen oder doch lieber Ziegen hüten in den Alpen? Unsere Fantasie kennt keine Grenzen, wir laufen zu echten Hochtouren auf.

Plötzlich erinnere ich mich an ein Buch, das mich wenige Monate zuvor gefesselt hat: Von einer jungen Berlinerin, die eine Rangerausbildung in Südafrika gemacht hat. Ich erzähle meiner Freundin von der Geschichte. Wie die junge Frau gelernt hat, in der afrikanischen Wildnis zu überleben, Tiere und ihre Verhaltensweisen zu deuten, Vogelstimmen zu erkennen. Ich erzähle ohne Punkt und Komma, immer mehr Details schießen mir durch den Kopf, vor Aufregung spreche ich immer schneller.

Mit einem Schmunzeln lässt meine Freundin den halbstündigen Monolog über sich ergehen.

Und dann ist plötzlich alles klar: »Genau das ist es!«, platzt es aus mir heraus. »Das ist mein Projekt für das nächste Jahr.« Ich will raus in die Natur, rein in die afrikanische Wildnis. Ich will in ein Leben eintauchen, in dem man sich auf nichts anderes verlassen kann als auf seine Instinkte. Ein Leben ohne Terminplaner, ohne Stress, ohne Regeln. Ein Leben mit Vogelgezwitscher statt Handyklingeln.

Meine Freundin lacht: »Wärst du da jetzt nicht selbst draufgekommen, hätte ich dich dazu verdonnert.«

Eine Weinflasche später ist der Deal besiegelt.

Als ich am nächsten Tag nüchtern auf den Abend zurückblicke, stelle ich erleichtert fest, dass der Plan mehr als nur eine Schnapsidee ist. Zu sehr sehne ich mich nach einem Leben ohne Berliner Korsett, das mir die Luft zum Atmen nimmt. Das aus Interviewterminen, Dresscodes und Wochenenddiensten besteht, mich komplett in die Politikschiene presst und mir keinen Raum gibt, mich auch anderweitig zu entfalten. Mein ungeduldiges, gestresstes Ich passt da zwar gut rein, der andere Teil von mir, der sich nach Ruhe und Reflexion sehnt, jedoch überhaupt nicht.

Ohne zu zögern, mache ich mich an die Umsetzung meines frisch geschmiedeten Plans. Die kommenden Wochen recherchiere ich Möglichkeiten, wie ich meine Idee realisieren kann. Auf einer Reisemesse in Berlin – dem Travel-Festival – entdecke ich ein Safariunternehmen, das nicht nur Safaris verkauft, sondern auch Rangerausbildungen im Angebot hat. Volltreffer!

Südafrika, Botswana, Kenia. Ein Land verlockender als das andere. Ich überlege nicht lange, am Ende fällt meine Entscheidung auf Botswana. Wirtschaftlich steht das Land gut da, die politischen Verhältnisse sind stabil. Und das Wichtigste: Die botswanische Regierung setzt unglaublich viel auf Natur- und Artenschutz. Knapp ein Fünftel der Landesfläche sind Nationalparks und Naturschutzgebiete. Dieses Land ist wie gemacht für den Start meiner Rangerkarriere.

Von Tag zu Tag steigt meine Vorfreude auf dieses Naturparadies. Und auch die Ausbildung zum »Nature Field Guide«, die ich vor Ort durchlaufen will, klingt traumhaft. Vier Wochen mitten in der afrikanischen Wildnis, ohne fließend Wasser, untergebracht in einfachen Zelten. Direkt auf Tuchfühlung mit der Natur. Um praktische Erfahrungen zu sammeln, sind tägliche Exkursionen vorgesehen, zu Fuß oder mit dem Jeep. Allein bei der Vorstellung, zu Fuß einem Elefanten zu begegnen, schlägt mein Herz schneller. Dazu gibt es täglich Theorieeinheiten, in denen wir als angehende Ranger Basiswissen über Geologie, Biologie und Astronomie vermittelt bekommen. Eine gute Mischung aus Theorie und Praxis mit einer ordentlichen Portion Adrenalin. Das ist genau mein Programm.

Von nun an treibt mich die Aussicht auf die Reise an. Auf der Arbeit beantrage ich ein Mini-Sabbatical. Mein Chef genehmigt es mir ohne Probleme, er hat längst gemerkt, dass ich unzufrieden bin.

»Reisende soll man nicht aufhalten«, nuschelt er mir zu, als er seine Unterschrift unter meinen Urlaubsantrag setzt.

Ich bin überrascht, wie unkompliziert alles läuft. Gerade von meinen Vorgesetzten hätte ich mehr Widerstand erwartet.

Aber sie scheinen die Situation richtig einzuschätzen: Nur eine Auszeit kann mir helfen, wieder Kraft und Motivation zu tanken. Damit ist der Weg frei für eine sechswöchige Verschnaufpause von der Politik.

Als ich Kollegen und Freunden davon erzähle, sind die Reaktionen gemischt. Von Freude bis zu Skepsis ist alles vertreten.

»Willst du denn wirklich Rangerin werden?«, fragt mich eine Kollegin. Gute Frage! Ausschließen will ich es erst einmal nicht, aber ehrlich gesagt, weiß ich selbst noch nicht, wohin die Reise mich führen wird. Das Einzige, was ich weiß: Ich brauche den Tapetenwechsel.

Ich muss in die Welt ziehen, um herauszufinden, was ich eigentlich wirklich will. Vielleicht ist es das Rangerleben. Vielleicht auch nicht. Das werde ich schon noch sehen. Jetzt geht es erst einmal darum, den Politik-Dschungel für ein paar Wochen hinter mir zu lassen und in die echte Wildnis einzutauchen. Es geht um Quality Time – mit mir und mit Afrika.

Wer die Regeln kennt,
überlebt

Nur wenige Monate später sitze ich im Flugzeug in Richtung Abenteuer. Mit mulmigem Bauchgefühl bin ich in Berlin gestartet. Je näher der Tag der Abreise kam, umso größer wurden die Zweifel. Ist das Ganze nicht doch eine Nummer zu groß für mich? Bin ich überhaupt bereit dafür? Wenn schon ein Wildschwein im Berliner Grunewald mich in die Flucht schlägt, wie werde ich dann erst reagieren, wenn ich einem gewaltigen Büffel direkt in die Augen schaue? Oder eine meterlange Giftschlange sich genüsslich vor meinem Zelt räkelt? Allein bei der Vorstellung daran kriecht mir Panik in die Knochen.

Doch mit jedem Kilometer Entfernung verblassen meine Zweifel und Sorgen. Stattdessen steigt die Vorfreude auf das Unbekannte. Den Flug nutze ich vor allem dafür, mir alle Wildlife-Dokumentationen anzuschauen, die ich im Boardkino auftreiben kann. Quasi eine Last-Minute-Vorbereitung für meinen Rangerkurs. Vielleicht auch der Versuch, mein schlechtes Gewissen zu besänftigen. Für die Infoblätter, die mir die Rangerschule vorab zugeschickt hat, hatte ich in Berlin keine Zeit gefunden. Unangetastet blieben sie wochenlang auf meinem Schreibtisch liegen, erinnerten mich stets daran, dass auch ein Abenteuer vorbereitet werden sollte. Bis ich sie dann irgendwann ungelesen in meinen Reiserucksack stopfte. Doch auf der Langstrecke habe ich nun genug Zeit, mich auf die Wildnis einzustimmen.

Knapp zwanzig Stunden bin ich schon unterwegs, die Infoblätter kenne ich mittlerweile auswendig, und dann endlich ertönt die lang ersehnte Ansage: »Bitte schnallen Sie sich an, wir setzen zur Landung an«, scheppert die Stimme der Pilotin durch die Lautsprecher. Ich schaue auf die Uhr: Perfekt! Es ist fast zwölf. Ich bin mehr als pünktlich. Der offizielle Treffpunkt mit unseren Ausbildern der Rangerschule soll in zwei Stunden vor dem Flughafen sein.

Die Landung ist holprig. Nachdem mich ein komfortabler Jumbojet von Europa nach Südafrika gebracht hatte, musste ich in Johannesburg in einen kleinen, klapprigen Regionalflieger umsteigen, für die letzten Flugmeilen nach Botswana. Da hat man das Abenteuer schon bei der Anreise gebucht. Wir nehmen jedes Luftloch mit, beim Aufsetzen der Maschine wird mein Körper einmal kräftig durchgeruckelt, der Kopf fliegt nach vorne. Neben mir sitzt ein Mann mit olivgrünem Cowboyhut, der genauso erschrocken dreinschaut wie ich. Das erleichtert mich schon mal, ich scheine nicht die Einzige zu sein, die mit dem Landemanöver hadert.

Als das Flugzeug wohlbehalten zum Stehen kommt, schaue ich aus dem Fenster, um einen ersten Eindruck von

Botswana zu erhaschen. Doch wie zu erwarten, sehe ich nicht viel außer ein geteertes Rollfeld, ein paar Flughafenmitarbeiter und einen kleinen, schmucklosen Betonklotz, der offensichtlich das Flughafengebäude sein soll.

Die Tür zum Flugzeug wird geöffnet und schwülwarme Luft schlägt mir entgegen. Ich sammle meine Sachen zusammen, steige aus, gehe langsam die Gangway hinunter, setze meinen Fuß auf den staubigen Boden. Für mich ist das immer ein magischer Moment, der erste Schritt in einem fremden Land.

Ich bleibe kurz stehen, schließe die Augen, inhaliere den Augenblick. Sogleich fällt mir die Entspanntheit auf, die in der Luft liegt. Von dem sonst so üblichen hektischen Treiben an Flughäfen ist hier nichts zu spüren. Die Flughafenmitarbeiter stehen am Rand, erzählen, lachen laut. Wir Fluggäste scheinen sie nicht wirklich zu interessieren, wir sind nicht mehr als Statisten für ihre Szene.

Markierungen auf dem Boden weisen uns den Weg in Richtung Betonklotz. Direkt hinter der Eingangstür kommt die Passkontrolle, kurz darauf folgt die Gepäckausgabe. Alles läuft unkompliziert, ohne Anstehen, ohne Stress.

Keine dreißig Minuten später verlasse ich das Flughafengebäude. »Maun International Airport« steht in großen, weißen Buchstaben über dem Ausgang. Gleich daneben befindet sich ein Souvenirladen mit Löwen, Giraffen und Elefanten in verschiedenen Größen, alle aus Plüsch und Plastik.

Ich schaue hinüber zu den vielen Jeeps, die vor dem Flughafen warten. Dreißig Geländewagen sind es mindestens, einige mit andere ohne Dach, aber alle voller Staub und Dreck. Drinnen sitzen vor allem Männer mit Cowboyhüten und olivgrünen Hemden. Hier bin ich also, in Maun, dem Eldorado für Ranger und die, die es mal werden wollen.

»Willkommen in Botswana«, murmele ich vor mich hin, fast so, als würde ich mir selbst Mut zusprechen, den nächsten Schritt in Richtung Rangerausbildung zu gehen. Ich überquere die Straße vor dem Flughafen, auf der anderen Seite reiht sich ein Restaurant neben das nächste, alle sehr einfach gehalten, sowohl bei der Ausstattung als auch bei der Speisekarte. Im Angebot: Pizza, Pasta, Burger. Kulinarisch scheint die Stadt weniger auf Abenteuer und mehr auf altbewährtes Fast Food für Weltenbummler zu setzen.

Zwischen den Restaurants sammeln sich Safarianbieter, Autovermietungen und Internetcafés. Zwar ist Maun mit gut sechzigtausend Einwohnern die viertgrößte Stadt des Landes, doch schnell wird klar, dass die Daseinsberechtigung dieses Ortes vor allem darin liegt, Ranger und Safaritouristen glücklich zu machen.

Bei der geografischen Lage ist das keine Überraschung. Denn Maun liegt am südöstlichen Rand des Okavango-Deltas – dem Safarihotspot in Botswana. Mehr als einhundertzwanzig Säugetierarten leben in dem weltweit größten Binnendelta, über vierhundertfünfzig verschiedene Vogelarten haben hier ihr Zuhause.

Das Okavango-Delta ist ein wahres Naturwunder. Inmitten der trockenen Kalahariwüste schlängelt sich dieses zwanzigtausend Quadratkilometer große Geflecht aus Wasserarmen und Kanälen, dazwischen einzelne Inseln und Lagunen. Mit Wassermassen gefüttert wird es vom Okavango-Fluss, der nördlich in Angola entspringt und im Okavango-Delta mündet.

Das Besondere: Der Wasserstand ist dann am höchsten, wenn im Umland Trockenzeit herrscht. Dann strömen die Flutwellen aus dem regenreichen Hochland Angolas hinunter nach Botswana, überfluten meterhohe Grasflächen und spülen sich Wasserwege durch die trockene Landschaft. So wird das Delta in kürzester Zeit von einem staubtrockenen Habitat zu einem riesengroßen Feuchtgebiet.

Für die Natur ist das die Zeit zum Aufatmen. Frische Gräser sprießen aus dem Boden, Sträucher und Bäume schießen in die Höhe. Was darauf folgt, ist eine Art All-inclusive-Programm für Tiere; sowohl für Pflanzen- als auch für Fleischfresser. Denn wo das Gras saftig ist, kommen Antilopen und Zebras in Scharen. Und wo sich Beutetiere tummeln, sind Raubtiere nicht weit.

Doch das Leben im Überfluss dauert nur wenige Monate, bis das Flusswasser versickert oder verdunstet und sich wieder ein Schleier der Trockenheit über das Delta legt. Für die Tiere wird es dann zur täglichen Herausforderung, genug Wasser zu finden. Oft sammeln sie sich an den wenigen Wasserstellen, die es noch gibt. Für Safaritouristen ist das eine besonders gute Zeit, um Tiere zu beobachten.

Ein Geheimtipp ist dieser Ort jedoch schon lange nicht mehr. Die UNESCO hat das Okavango-Delta mit dem Titel des Weltnaturerbes geschmückt. Das zieht natürlich Touristen an. Und das Tor zwischen dem Rest der Welt und dem grandiosen Naturspektakel im Binnendelta ist eben Maun, die kleine, unscheinbare Stadt am Rande des Nationalparks mit ihrem eher robusten Charme und verstaubten Antlitz. Abenteuerlustige aus allen Teilen der Welt kommen hier zusammen, auf der Suche nach WLAN, Bier und Unterhaltung. Oder einfach um ihre Tour zu starten. So wie ich.

Ohne große Probleme finde ich »Hilary's Restaurant«, das mir von meiner Rangerschule als Treffpunkt genannt wurde. Das Restaurant sieht aus wie ein Biergarten mit Dschungel-Flair. Überall stehen massive Holztische und Holzbänke dicht an dicht, einfach und schlicht. Mehrere Pflanzen ranken an Holzstreben hoch, bilden ein dichtes Blätterdach, das die Gäste vor der heißen Mittagssonne schützt.

Was genau mich erwartet, wen ich hier treffe, wie viele Leute mit mir zusammen anreisen, keine Ahnung. Ich weiß nur, das hier ist mein Startpunkt für mein Abenteuer.

Erschöpft und zugleich aufgeregt, suche ich mir einen Platz in einer Ecke, von der ich den Laden gut überschauen kann, und bestelle eine eiskalte Cola. Der Flug war lang, die Mittagshitze und der Temperaturunterschied von mehr als fünfzehn Grad zu Berlin tun ihr Übriges. Ein bisschen Koffein kann nicht schaden.

Suchend blicke ich mich um: Hinten rechts im Restaurant sitzen vier Männer, Ende fünfzig, britischer Akzent, schauen auf eine Landkarte. Auf der anderen Seite eine junge Familie mit zwei Kindern, die so perfekt mit Outdoorklamotten eingekleidet ist, als wäre sie gerade dem Globetrotter-Magazin entsprungen. Vermutlich keine Rangerschüler, denke ich und nehme einen ordentlichen Schluck von meiner Cola.

In diesem Moment tritt ein junger Mann an meinen Tisch, schätzungsweise Mitte zwanzig, dunkler Teint. Seine schwarzen langen Haare sind zu einem Zopf zusammengebunden.

»Hi, ich bin Draco. Willst du auch zur Rangerschule?«, fragt er mich direkt. Ich nicke, bin erleichtert, dass ich schon nach wenigen Minuten in diesem Rangerparadies einen Gleichgesinnten gefunden habe.

Wir kommen ins Gespräch. Draco erzählt, dass er aus Botswana kommt und schon seit seiner Kindheit davon träumt, Ranger zu werden. Damit er sich die Ausbildung leisten kann, hat seine Familie nun das Geld zusammengekratzt. Eigentlich lebt er in Gaborone, der Hauptstadt Botswanas und dem wirtschaftlichen Zentrum des Landes. Er berichtet, wie die Bustour quer durchs Land, das etwa eineinhalb Mal so groß ist wie Deutschland, ihn mehr als zehn Stunden Zeit, mehrere Umstiege und ordentlich Nerven gekostet hat.

»Na, da haben wir ja was gemeinsam!«, lache ich. »Lang und holprig war meine Anreise auch, besonders die letzten Meter.« Ich lade ihn auf eine Cola ein und wir stoßen auf unseren Traum an: die Rangerausbildung.

Nach und nach füllt sich unser Tisch mit weiteren angehenden Rangern; eine wilde Mischung aus Naturliebhabern,

Abenteuerlustigen und Sinnsuchenden. Insgesamt sieben Leute sind wir, aus aller Herren Länder: Österreich, Großbritannien, Kenia, Botswana und den USA.

Doch die Zeit reicht kaum für mehr als ein schnelles Beschnuppern. Kurz nachdem wir uns alle eingefunden haben, tritt ein Mann in den Dschungel-Biergarten, von oben bis unten in Tarnfarben gekleidet, den braunen Cowboyhut tief in die Stirn gezogen. Mit lässigem Schritt kommt er direkt auf uns zu. Dem Kellner wirft er einen flüchtigen Gruß zu, so wie man das macht, wenn man sich kennt. Vor unserem Tisch macht er Halt.

»Hey Leute, schön, euch zu sehen! Ich bin John, euer Rangerausbilder für die nächsten Wochen.«

Ein breites Grinsen zieht sich über sein Gesicht. Seine weißen Zähne stechen hervor und betonen noch einmal mehr die sonnengebräunte Haut, die keinen Zweifel daran lässt, dass dieser Mann den Großteil seiner Zeit in der Natur verbringt.

Mit Johns Auftritt beginnt unser Rangerleben. Eilig packen wir unsere Sachen zusammen, verstauen alles in seinem Jeep, der draußen vor der Tür steht. Keiner von uns will noch länger Zeit in der Stadt verlieren, sondern so schnell wie möglich in die Wildnis eintauchen.

Doch bevor wir starten, will John uns zumindest die Möglichkeit geben, einen letzten Anker zur Zivilisation auszuwerfen: »Kurze Vorwarnung: Wenn ihr aus dem Camp heraus SMS schreiben oder telefonieren wollt, braucht ihr eine Sim-Karte von Mascom, da vorne im Shop könnt ihr sie kaufen«, sagt er und zeigt auf eine wackelige, blaue Bretterbude auf der anderen Straßenseite. »Das ist jetzt eure letzte Chance für die nächsten Wochen.«

Kein Handyempfang im Camp? Für einen Augenblick bekomme ich Panik. Ich will zum Sprung aus dem Jeep ansetzen, meine Hand gleitet fast automatisch zu meinem Portemonnaie. Doch halt! Bin ich nicht genau deswegen hier? Es geht mir um das komplette Gegenteil zu meinem üblichen Leben, und das bedeutet: hundertprozentige Nicht-Erreichbarkeit.

Ich lehne mich zurück, atme tief durch, meine Hände entspannen sich. »Ranger brauchen doch keinen Handyempfang«, sage ich und bin stolz, der ersten Versuchung widerstanden zu haben.

Damit beginnt die Fahrt zu unserem Camp. Schnell lassen wir die Stadt hinter uns, brettern den Highway entlang in Richtung Wildnis. Links und rechts von der Straße ist die Landschaft unspektakulär, flaches, staubiges Land, punktuell mit Bäumen und Büschen geschmückt. Hin und wieder eine Herde Kühe, die friedlich am Straßenrand grast.

Einzelne Häuser ziehen vorbei, einige rund, andere eckig, einige mit kegelförmigem Grasdach, andere mit flachem Wellblechdach, in denen Bauern mit ihren Familien wohnen. Die meisten von ihnen haben sich in der Mittagshitze in ihre Häuser verzogen. Nur wenige sitzen draußen, im Schatten der Mauern, grüßen mit einem kurzen Kopfnicken, als wir an ihnen vorbeirauschen. Wir grüßen zurück, ohne Tempo zu verlieren.

Dem Ruf der Wildnis folgend, erreichen wir schließlich das Okavango-Delta. Ein eineinhalb Meter hoher Zaun trennt den Nationalpark vom Rest des Landes. Die Einfahrt wird markiert durch ein verrostetes, offen stehendes Eisengitter. Anders als in Deutschland gibt es hier keine Hinweisschilder mit Verhaltenstipps oder überdimensionierte Touristen-Informationszentren mit Café und Toiletten.

Doch gerade das reizt mich. Je weniger touristisch, umso besser. Schließlich bin ich hier, um Ruhe zu finden und Natur zu erleben. Sofort habe ich ein Kribbeln im Bauch. Nach einer mehr als elftausend Kilometer langen Reise bin ich endlich angekommen.

Der Zustand der Straße verschlechtert sich plötzlich deutlich. Die asphaltierte Fahrbahn weicht nun einem trockenen, sandigen Weg mit Schlaglöchern. John drosselt das Tempo, versucht ihnen im Zickzackkurs auszuweichen. Mich stört das nicht, eher im Gegenteil: Ich nutze das langsame Tempo, um nach Tieren Ausschau zu halten.

Doch anstatt dieser sehe ich vor allem eines: trockene, ausgedörrte Landschaften, große Flächen mit verbrannten Bäumen. Wir passieren ganze Landstriche, die komplett abgebrannt sind. Laut meiner Reiseunterlagen müsste zu dieser Jahreszeit das Delta eigentlich mit Wasser durchflutet sein und in satten Farben erstrahlen. Im klaren Blau der Wassermassen, im kräftigen Grün der Grasflächen. Doch das Bild, das ich hier vorfinde, erinnert mich eher an ein düsteres Weltuntergangsszenario.

Beunruhigt beuge ich mich zu unserem Rangerlehrer vor: »Was ist hier passiert, John?«

Er stoppt den Wagen, dreht sich um: »Das war ein Buschfeuer. Passiert häufiger, wenn es so trocken ist.« Dabei lässt er seinen Blick schweifen, über unsere Köpfe hinweg, in die Weite hinaus, fast als suche er einen Flecken Erde, der nicht vom Feuer heimgesucht wurde. Ohne Erfolg. Ein leichter Geruch von Ruß und Asche erreicht meine Nase.

Mit ruhiger Stimme fährt John fort: »Keine Sorge, es ist nicht so schlimm, wie es aussieht. Im Gegenteil, ein Brand hilft der Natur sogar, sich zu regenerieren. Die Asche wirkt wie Dünger, verbrannte Erde sorgt für Erneuerung, mittelfristig sogar für Nährstoffe und Keime. In wenigen Wochen wird sich die Natur hier wieder erholt haben.«

Mit diesen Worten setzt er den Jeep wieder in Bewegung. Und tatsächlich lassen wir kurze Zeit später die verkohlten Brandfelder hinter uns und kommen in etwas grünere Gefilde. Zwar fehlt von den Wassermassen weiterhin jede Spur, aber zumindest ähnelt das Bild so langsam dem, wie man sich die afrikanische Savanne vorstellt: weite, trockene Graslandschaften, meterhohe Termitenhügel.

Plötzlich sehe ich das erste Zebra, unweit von unserem Jeep grasen. Die schwarz-weißen Streifen springen mich regelrecht an, heben sich ab von den sonst eher gedeckten Farben der Umgebung. Aufgeregt drehe ich mich zu den anderen um, auch sie haben es entdeckt und ihre Kameras gezückt. Das erste Tierfoto von unserer Rangerzeit. So schön. Schließlich ist das Zebra eines der Tiere, die es ausschließlich auf dem afrikanischen Kontinent gibt.

Der warme Fahrtwind weht mir ins Gesicht, ich atme tief ein – das ist der Inbegriff von Freiheit. Adieu, Berliner Korsett!

Wir treffen kein einziges Auto unterwegs, weit und breit keine Menschenseele, stattdessen Natur pur. Nach knapp zwei Stunden Fahrt erreichen wir unser Camp. Unser Lebensmittelpunkt in den kommenden Wochen und Startpunkt für all unsere Exkursionen.

Das Camp liegt inmitten einer grünen Insel, meterhohe Bäume und Büsche bieten Schutz vor den heißen Sonnenstrahlen. Umsäumt ist die Insel von weiten Grasflächen, die in wasserreichen Zeiten vermutlich voller Wasser sind, jetzt jedoch komplett trocken liegen.

Solche Inseln wie die unseres Camps prägen das Gesicht des Okavango-Deltas. Mehr als hunderttausend soll es insgesamt davon geben, einige nur wenige Meter lang, andere erstrecken sich über mehrere Kilometer. Unsere Insel liegt voll im Schnitt, mit ihren etwa fünfhundert Metern Länge bietet sie genug Platz, um hier für die nächsten Wochen Wurzeln zu schlagen.

John führt uns zunächst durch das Camp. Im Zentrum liegt ein offenes Klassenzimmer mit einem langen Tisch und Stühlen für den Unterricht sowie einem kleinen Holzregal mit unzähligen Tier- und Pflanzenbüchern – die Bibliothek. Eine einfache Dachkonstruktion aus Holz und Gräsern schützt vor Sonne und Regen, Wände gibt es nicht.

Direkt neben unserem Klassenzimmer geht es zur Feuerstelle, mehrere kleine Holzstämme liegen im Kreis drumherum, laden zum Hinsetzen ein. Wir gehen an der Feuerstelle vorbei, nehmen einen kleinen Durchgang zwischen zwei Büschen.

»Und voilà, das ist das Speisezimmer!«, verkündet John stolz.

Wir stehen mitten auf einem Plateau, das in die weite, friedlich wirkende Graslandschaft hineinragt. Die Aussicht ist gigantisch, die Schönheit der Natur verschlägt mir den Atem. In der Mitte des Plateaus thront nahezu majestätisch ein etwa fünf Meter langer Holztisch, an dessen Seiten Stühle aufgestellt sind. Was für ein wunderbarer Ort, um die Mahlzeiten der kommenden Wochen zu sich zu nehmen.

John gibt uns einen Moment des Innehaltens und Genießens, bevor er die Tour durch das Camp fortsetzt. Alles ist klein und kompakt, nur einen Katzensprung voneinander entfernt. Einen Zaun gibt es nicht, wir sind mittendrin in der afrikanischen Wildnis.

Schließlich kriegen wir unsere Zelte zugeteilt. Ich bekomme Zelt Nummer zwei. John begleitet mich zu meinem, ein staubiger Trampelpfad quer durch das Gebüsch führt uns dorthin. »Na dann, Maria, gutes Ankommen!«, ruft er mir zu und lässt mich in meinem neuen Heim zurück.

Eine Welle der Euphorie überkommt mich. Das olivgrüne, geräumige Zelt ist ein echter Traum. Ein Zelt, in dem ich mit meinen 1,89 Meter gut stehen kann, mit komfortabel aussehendem Feldbett, auf dem eine dicke Matratze liegt, und einer kleinen Lampe an der Zeltdecke, die vermutlich auch in der Dunkelheit für ausreichend Licht sorgt.

Ich öffne den massiven Reißverschluss an der Rückseite des Zeltes und betrete mein eigenes Freiluft-Badezimmer mit Plumpstoilette und Eimerdusche. Abgegrenzt ist es durch eine Plane, die vor Blicken schützt und zumindest etwas Privatsphäre garantiert. Klar, eine warme Dusche auf Knopfdruck gibt es hier nicht, stattdessen muss ich das Wasser über dem Feuer erst selbst erhitzen, bevor ich es in die Eimerdusche fülle. Aber dennoch empfinde ich die Bedingungen fast schon als Luxus.

Ich blicke mich um, Sonnenlicht fällt durch den weit geöffneten Haupteingang. Ich folge dem Licht, durchquere das gemütliche Zelt. Schweren Herzens widerstehe ich der Versuchung, das Feldbett einem kurzen Praxistest zu unterziehen, und trete hinaus in meinen »Vorgarten«, eine etwa zwei Quadratmeter große sandige Fläche, umgeben von Bäumen und Büschen und mit einem tollen Ausblick auf die weite Grasfläche, die keine zwanzig Meter vor meinem Zelt beginnt. Zwei bequem aussehende, ockerbraune Campingstühle säumen links und rechts meinen kleinen Garten. Auf einen lasse ich mich fallen, streife meine Schuhe von den Füßen, ziehe Resümee.

Ein eigenes Badezimmer, ein gemütliches Feldbett, einen eigenen Vorgarten. Damit hatte ich nicht gerechnet. Und das Beste: Dadurch, dass ich Zelt Nummer zwei ergattert habe, bin ich noch relativ nah am Zentrum des Camps, an Speisezimmerplateau und Feuerstelle. Das beruhigt mich insgeheim. Sollte ich irgendwann unangemeldeten Besuch von einem Elefanten bekommen, wäre Hilfe nicht weit weg.

Die nächsten Stunden verbringe ich erst einmal mit Ankommen, Auspacken, Durchatmen. Die Armbanduhr verstaue ich gleich ganz unten in meinem Rucksack, das Handy schalte ich aus. Wie John es prognostiziert hatte, gibt es sowieso keinen Empfang. Gut so, denke ich und stopfe auch das Telefon in die Tasche, direkt zu der Uhr. Der Grundstein für eine stressfreie Zeit ist gelegt.

Wenig später treffen wir uns alle an der Feuerstelle. John ist gerade dabei, das Feuer zu entzünden.

»Da drüben gibt es Suppe und frisch gebackenes Brot«, ruft er uns zu und deutet in Richtung Speisezimmerplateau. »Holt euch gerne etwas zu essen und kommt dann wieder her.«

Das lassen wir uns nicht zweimal sagen. Suppe klingt genau richtig nach so einem langen, anstrengenden Anreisetag. Besonders weil die Temperaturen gerade merklich sinken, ich tippe auf zehn Grad. In Botswana ist jetzt Winterzeit, das heißt, tagsüber klettern die Temperaturen auf bis zu dreißig Grad, doch sobald die Sonne untergeht, erreicht das Thermometer Mützentemperatur.

Mit der heißen Suppe in der Hand komme ich zurück an das Feuer, das schon hell lodert. Gespannt setze ich mich auf einen Holzstamm.

Als alle versorgt und im Lichte des Feuers angekommen sind, beginnen wir unsere offizielle Vorstellungsrunde. Jeder erzählt aus seinem Leben, was er macht, warum er hier ist. Da ist Daniel aus Österreich, Mitte zwanzig, der genug von seinem IT-Job hat und mal etwas ganz anderes ausprobieren will. Sue aus den USA, Anfang vierzig, Journalistin und auf der Suche nach einer guten Story. Tom aus Kenia, achtzehn, dessen Eltern ihn von der Rangerausbildung überzeugt haben. Kabelo aus Botswana, Anfang dreißig, Vater von zwei Kindern, mit dem Ziel, als Ranger so viel Geld zu verdienen, dass er seine Familie durchbringen kann. Peter, Ende zwanzig, mit wildem Wuschelkopf und Hornbrille, der in Großbritannien Biologie studiert hat und jetzt mit seinem Wissen in die Welt ziehen will. Und natürlich Draco, mit dem ich in Maun schon Cola-Freundschaft geschlossen habe. Was für ein wunderbarer bunter Haufen.

Nun blicken alle auf mich. Warum ich hier bin? Ja, gute Frage …

»Hi, ich bin Maria«, beginne ich. »Ich komme aus Berlin und musste einfach mal raus. Raus aus der Hektik, raus aus dem Lärm, raus aus der Großstadt.«

Ich schaue in die Runde, einige nicken wohlwissend, andere blicken mich gespannt an, als ob sie ahnen, dass bei mir noch mehr dahintersteckt. Gut, denke ich, dann gibt es jetzt das Komplettprogramm.

»Tja, und ich arbeite in der Politik, quasi in einem Zustand der dauerhaften Erreichbarkeit. Permanent klingelt das Telefon, ständig kriege ich Mails auf mein Handy, auf die ich sofort reagieren muss. Alles dreht sich immer schneller, nicht selten fühle ich mich wie in einem rauschenden Strudel, da wollte ich einfach mal ausbrechen und in ein Leben hineinschnuppern mit kompletter Freiheit, ohne Regeln, ohne Zwänge.«

Interessiert schauen mich sieben Augenpaare an. Jemand aus der Politik verläuft sich vermutlich nicht allzu oft hierher. Zumindest kenne ich niemanden im politischen Berlin, der überhaupt schon einmal mit dem Gedanken gespielt hat, Ranger in Afrika zu werden.

John bricht das Schweigen: »Danke Maria, danke an alle für diese offene und ehrliche Vorstellungsrunde. Doch bevor ihr mit dem Glauben ins Bett geht, dass es hier keine Regeln gibt, muss ich euch eines Besseren belehren.«

Mit diesen Worten beginnt er seine erste Theorieeinheit pünktlich zum Einbruch der Dunkelheit.

»Allerwichtigste Regel ist: Immer wachsam sein und Augen und Ohren offen halten. Sowohl am Tag als auch in der Nacht. Ihr müsst lernen, eure Umgebung zu beobachten, jede Bewegung, jede Veränderung. Setzt eure Sinne ein, das Sehen, das Hören, das Riechen. Die Umgebung lesen heißt, Gefahren frühzeitig zu erkennen, um einem Angriff vorzubeugen und im Zweifel gut zu reagieren.«

John macht eine kurze Pause. Das Zirpen und Ziepen der Insekten schwirrt durch die Luft, unweit von uns entfernt raschelt etwas im Gebüsch. Ist das vielleicht schon ein Angreifer? Mich schaudert es.

»Gerade in der Nacht ist oberste Vorsicht geboten«, fährt John fort. »Viele Raubtiere sind dann unterwegs. Für uns Menschen ist die Nacht nicht unser natürliches Terrain, im

Vergleich zu vielen Tieren sind wir blind. Also tragt immer eine Taschenlampe bei euch.«

Ich taste suchend nach meiner Lampe in der Jackentasche, berühre schließlich das harte Plastik.

»Wenn ihr nachts alleine zu eurem Zelt geht, dann leuchtet erst die Dunkelheit ab, die Büsche und Sträucher, haltet Ausschau nach reflektierenden Augen. Wenn die Augen rot leuchten, dann tretet langsam und ruhig den Rückzug an. Wenn sie weiß sind, ist das Tier in der Regel ungefährlich. Aber auch dann heißt es, ruhig bleiben und einen Bogen einschlagen. Außerdem bitte immer das Zelt gut schließen, bevor ihr schlaft. Ansonsten kann es nachts unliebsame oder gefährliche Besucher geben.«

Um seine Bitte noch einmal zu unterstreichen, erzählt John uns die Geschichte von einer Touristin, die wenige Monate zuvor auf der Terrasse ihrer Lodge im Okavango-Delta eingeschlafen ist und nie wieder aufwachte – eine Hyäne hatte ihr im Schlaf den Kopf abgebissen.

In diesem Moment realisiere ich erst so richtig, dass ich im Abenteuer angekommen bin. Gespannt höre ich zu, mit einer Mischung aus Aufregung, Angst, aber auch Faszination für das Leben in der Wildnis.

»O Mann, war ich naiv«, entfährt es mir. »Ich habe mir nie Gedanken darüber gemacht, dass es hier Regeln gibt, ich dachte, es funktioniert alles nach Instinkten.«

John wendet sich mir zu, seine braunen Augen durchbohren mich nahezu: »Wie ist das bei dir zu Hause, Maria? Gibt es in der Politik keine Regeln?«

»Doch«, entgegne ich prompt. »Auch da muss man die Regeln kennen, vor allem die ungeschriebenen, sonst hat man verloren.« Ich denke kurz nach und fahre fort. »Wenn man so will, ist auch in der Politik Wachsamkeit oberstes Gebot.«

Das zumindest könnte den Zustand der ständigen Erreichbarkeit erklären. Immer geht es darum, einen Überblick darüber zu haben, wie politische Debatten laufen, welche Themen und Angriffe der politische Gegner fährt und wie die Medien darüber berichten. Besonders wichtig ist das in hochsensiblen Zeiten wie in denen des Wahlkampfes.

Ich erinnere mich an die vergangene Bundestagswahl, als die Pressestelle über Monate hinweg rund um die Uhr im Dauereinsatz war, immer ein Auge auf der Nachrichtenlage. Vor der Wahl, um Angriffe des politischen Gegners möglichst schnell abzuwehren und in sozialen Netzwerken kursierende Fake News und Hetzkampagnen zu entlarven. Nach der Wahl, als es schließlich um eine Regierungsbildung ging, um schnellstmöglich Spekulationen und Gerüchte einzufangen und zu dementieren. Denn je später politische Akteure auf ungewollte oder falsche Meldungen reagieren, umso schwerer sind diese später aus der Welt zu räumen. Wachsam sein und schnell reagieren sind das A und O in der politischen Kommunikation.

Aber auch außerhalb sensibler Wahlkampfzeiten geht es darum, Augen und Ohren zu spitzen, über das eigene Terrain hinauszublicken. Es ist kein Zufall, dass die Bundesregierung in ihrem Presse- und Informationsamt einen

News-Desk eingerichtet hat, der rund um die Uhr, also auch nachts, die nationale und internationale Politik im Blick hat. Wenn irgendein Präsident beispielsweise mitten in der Nacht ankündigt, militärisch in das Nachbarland einzufallen, müssen Kanzler und Minister sofort davon erfahren. Alles andere wäre unverantwortlich.

Plötzlich knackt ein großes Holzscheit, helle Funken fliegen in meine Richtung, ziehen meine Aufmerksamkeit wieder zurück zum Lagerfeuer. Ich merke, wie müde ich bin.

»So Leute, mich ruft das Bett«, brumme ich in die Runde. Ich erhebe mich und verabschiede mich von der Gruppe.

Gerade als ich ihr den Rücken zukehren will, höre ich Johns tiefe Stimme. »Denk daran, Maria, keine auffälligen Klamotten morgen zu unserer ersten Buschwanderung«, ruft er mir noch als letzte Regel für heute hinterher.

Ich nicke nur, schalte meine Taschenlampe an, leuchte vorsichtig von links nach rechts in die Büsche, folge dem Trampelpfad zu meinem Zelt. Heilfroh, dass ich weder weiße noch rote Augen in der Dunkelheit sehe, erreiche ich meinen Schlafplatz. Mein Rückzugsort, an dem ich mich endlich in Sicherheit wiegen kann.

Rasch schlüpfe ich in das Zelt, ziehe den Reißverschluss zu. Nach einem kurzen Doppel-Check, ob wirklich alles geschlossen ist, falle ich erschöpft ins Bett. Genug Wachsamkeit für heute, denke ich und schließe die Augen.

Keine Schwäche
zeigen

Am nächsten Morgen werde ich von lauten Stimmen und munterem Lachen geweckt. Um mich herum ist es noch dunkel, die gut isolierte Zeltwand hält das Tageslicht draußen. Nur an einer Stelle, wo der Reißverschluss offenbar doch nicht komplett verschlossen ist, schieben sich Sonnenstrahlen in das Zelt. Mit einer ordentlichen Portion morgendlicher Orientierungslosigkeit blicke ich mich um.

Wo bin ich? Wie spät ist es? Ich will einen Blick auf meine Armbanduhr werfen, sehe aber nur mein nacktes Handgelenk. Intuitiv greife ich neben mein Bett, taste suchend nach dem Handy, ein Blick aufs Smartphone tut es auch …

Plötzlich dämmert es mir, dass ich gar nicht in meiner Berliner Altbauwohnung, sondern in einem Safarizelt in der afrikanischen Wildnis bin. Armbanduhr und Handy sind in den Tiefen meines Rucksacks verschwunden, verbannt für die nächsten Wochen. Wieder überkommt mich dieses Gefühl der Unruhe, das ich aus Deutschland kenne, wenn ich nicht einhundert Prozent die Kontrolle über eine

Situation habe. Ich muss doch wissen, wie spät es ist, versucht mir mein unruhiges Ich einzubläuen.

Nein! Ich atme tief ein, versuche mich zu entspannen und die Unruhe abzuschütteln. Hier in der Wildnis spielt die Uhrzeit keine Rolle.

Stolz schon vor dem Frühstück diesen ersten inneren Konflikt ausgefochten zu haben, springe ich aus dem Bett. Ich schlüpfe in mein Ranger-Outfit – unauffällige Kleidung, so wie es John am Abend betont hat – und folge dem Stimmenwirrwarr.

Der Großteil der Gruppe hat sich schon am langen Holztisch auf dem Speisezimmertableau eingefunden, auf dem Toast, Haferbrei, verschiedene Aufstriche und frisches Obst stehen. Ich trete näher, gieße mir frisch gekochten Schwarztee in die Frühstückstasse, der heiße Dampf durchschneidet die kalte Morgenluft.

»Guten Morgen«, begrüße ich meine Rangerkollegen.

»Guten Morgen«, schallt ein Chor unterschiedlicher Stimmlagen zurück, von verschlafen-brummig bis aufgedreht-fröhlich.

»Nur für meine Orientierung: Weiß jemand von euch, wie spät es ist?«, frage ich und nehme einen Schluck Tee. In dem Moment, in dem mir die Frage rausrutscht, fühle ich mich ertappt. Tja, so ganz kann ich dann wohl doch nicht auf die Uhrzeit verzichten.

»8.30 Uhr«, ruft John mir zu, der gerade eine ordentliche Portion Erdnussbutter auf seinen Toast schaufelt. »Aber gewöhnt euch lieber nicht daran. Heute habe ich euch ausschlafen lassen, doch morgen schalten wir in den

Rangermodus. Das heißt, aufstehen um 5.30 Uhr, Frühstück um 6 Uhr. 6.30 Uhr starten wir dann unsere erste Tour, entweder zu Fuß oder mit dem Jeep.«

Erschrocken pruste ich den Tee wieder in die Tasse. »Was? Aufstehen um 5.30 Uhr?«, frage ich entsetzt.

»Ja, Maria. Da gibt es keine Ausnahme. Hier in der Wildnis müssen wir uns dem Rhythmus der Natur anpassen. Und übrigens auch den Farben der Natur«, sagt er und schaut mich belustigt an.

Verunsichert blicke ich an mir herunter. »Ähm … was willst du mir sagen?«, frage ich irritiert.

Während es in meinem Kopf noch rattert, höre ich Sue kichern. »Super Idee, in einem Zebra-Outfit auf Safari zu gehen«, ruft sie mir zu und zeigt auf mein schwarz-weiß gestreiftes Shirt. Die ganze Gruppe lacht.

Nun dämmert es mir: Keine auffällige Kleidung hieß für mich, meine knallbunten T-Shirts in Berlin im Kleiderschrank zu lassen. Das schwarz-weiß gestreifte Top hätte ich nun nicht zwangsläufig als »auffällig« eingestuft. Die Ähnlichkeit zum Zebra kann ich allerdings nicht leugnen.

»Na, Maria, wenn du dich weiterhin so gut an die Regeln hältst, kann ja nichts schiefgehen«, lacht John und zwinkert mir zu.

Ich spüre, wie mir die Hitze in den Kopf schießt. Wie peinlich, mein erstes großes Fettnäpfchen.

Schnell gehe ich zum Zelt zurück, um mein Shirt zu tauschen. Schließlich habe ich null Interesse, durch mein Outfit in die Kategorie »Potenzielle Beute« zu fallen.

Ein bisschen wie in der Politik, denke ich. Denn auch hier geht es manchmal darum, den richtigen Farbton zu treffen, um keine falschen Signale zu senden. Weniger bei männlichen Politikern, die meistens einfach zum dunklen Anzug greifen. Doch gerade für Politikerinnen spielt die richtige Outfitwahl eine nicht zu unterschätzende Rolle.

So hat sich Hillary Clinton als US-Präsidentschaftskandidatin, je näher die entscheidende Schlacht um das Weiße Haus rückte, von ihren bunten Hosenanzügen verabschiedet und stattdessen auf gedeckte Farben umgeschwenkt, mit der Absicht, seriöser und staatstragender zu wirken.

Ähnliches war bei Annalena Baerbock zu beobachten. Noch eineinhalb Jahre vor der Bundestagswahl kam die Grünen-Politikerin in einem weißen Blümchenkleid in die Anne Will-Talkshow. Für den deutschen Boulevard war klar: Süß, mädchenhaft, romantisch – nur will sie Kanzlerin werden, müssen sich ihre Outfits ändern. Und auch wenn es für das Kanzleramt nicht gereicht hat, entwickelt sie auch als Außenministerin einen neuen Stil. Statt auf Blümchenkleider setzt Annalena Baerbock auf elegante, schnörkellose Outfits – einer Außenministerin angemessen. Vom deutschen Boulevard bleibt das nicht unbemerkt: Dieser feiert sie als »Aushängeschild für Mode der deutschen Politikerszene«.

Und auch bei Angela Merkel waren bestimmte Kleidungs- und Farbmuster erkennbar. Glaubt man der Modepsychologin Kate Nightingale, trug Angela Merkel besonders häufig grüne Blazer, um Ruhe und Kompetenz auszustrahlen.

Wenn es auf Auslandsreisen und um Koalitionsverhandlungen ging, griff sie eher zu blauen Jacketts, da Blau Harmonie und Verlässlichkeit vermittelt. Auch wenn die damalige Bundeskanzlerin nicht müde wurde zu betonen, dass die Farbwahl ihrer Blazer oft rein zufällig sei, waren die Muster offensichtlich.

Dieses gut überlegte Kleidungsverhalten zieht sich weiter durch die Riege weiblicher Spitzenpolitikerinnen. Es ist wohl kein Zufall, dass führende SPD-Frauen wie Manuela Schwesig oder Manuela Dreyer sehr häufig im roten Blazer zu sehen sind – schließlich ist das die Farbe ihrer eigenen Partei. Außerdem steht Rot für Energie und Tatkraft. Und mit dem richtigen Outfit kann Frau sogar Geschichte schreiben.

Legendär ist zum Beispiel der Anti-Brexit-Hut von Queen Elizabeth II. bei ihrer Rede vor dem britischen Parlament. Zwar war sie offiziell der politischen Neutralität verpflichtet, doch mit ihrem königsblauen, mit gelben Blumen verziertem Hut setzte sie ein klares Signal für den Verbleib in der Europäischen Union. Geholfen hat es zwar nicht, aber die Queen ging mit diesem modisch-politischen Schachzug in die Geschichtsbücher ein.

So unterschiedlich die Beispiele der Spitzenpolitikerinnen auch sein mögen, so haben sie doch gemeinsam, dass es mehr um das kurzfristige Medienecho und weniger um Leben und Tod geht. In meinem Fall sieht das ganz anders aus. Das macht die Sache klar: Auf Experimente auf Kosten der eigenen Sicherheit verzichte ich gerne. Mein Ziel für heute ist, nicht weiter aufzufallen.

Hastig ziehe ich mein Zebrastreifen-Top aus und entscheide mich für ein schlichtes beiges Oberteil mit V-Ausschnitt. Zum Schluss setze ich mir mein dunkelbraunes Basecap auf und kehre zur Gruppe zurück, die sich schon im Klassenzimmer versammelt hat.

Im Halbkreis stehen meine Rangerkollegen um John herum, neben ihm ein weiterer junger Mann, schätzungsweise Ende zwanzig, mit rötlichem Haar und Sommersprossen: Christian aus Deutschland, der ähnlich wie wir vor gut einem Jahr eine Rangerausbildung gemacht hat und nun als frischgebackener Ranger arbeitet.

»Wir machen heute gleich mal eine Safariwanderung, damit ihr unsere direkte Umgebung kennenlernt«, beginnt John. »Bevor wir starten, gibt es auch hier noch mal ein paar Regeln: Wir gehen im Gänsemarsch hintereinander, vorne ich, hinten Christian, ihr reiht euch dazwischen ein. Wichtig ist, dass ihr währenddessen still seid, so könnt ihr die Umgebung um euch herum besser wahrnehmen. Jedes Rascheln im Gebüsch kann uns Aufschluss darüber geben, wo die nächste Gefahr lauern könnte und wo wir besonders aufpassen müssen.«

Gefahr? Sofort zieht sich Anspannung durch meinen Körper. »Was ist, wenn wir etwas entdecken und euch drauf hinweisen wollen?«, frage ich, ohne selbst daran zu glauben, dass ich tatsächlich ein Tier vor John erspähe. Aber sicher ist sicher.

»Dann gebt ihr uns ein kurzes Zeichen, entweder ein Schnalzen mit der Zunge oder ihr klopft mit eurer Hand auf die Oberschenkel, wir werden dann anhalten und uns anschauen, was euch aufgefallen ist«, erwidert John.

Mit einer lockeren Bewegung wirft er das Gewehr über die Schulter, setzt sich seinen Cowboyhut auf den Kopf und signalisiert uns, dass wir ihm folgen sollen. Brav reihen wir uns hinter ihm ein. Ich atme tief durch, als wir aus dem Schatten der Bäume auf die weite Grasfläche treten.

Vor uns liegen Hunderte Meter flaches Land mit Tausenden und Abertausenden trockenen Gräsern. Obwohl das Camp nicht eingezäunt ist, fühlte ich mich auf unserer von Bäumen und Büschen bewachsenen Camp-Insel sicher, doch jetzt betreten wir das unbekannte, wilde Terrain. Aufgeregt folge ich John und den anderen in Richtung Baumgruppe, die wenige Hundert Meter Luftlinie von unserem Camp entfernt liegt.

Nervosität und Glücksgefühl spielen gerade Pingpong in meinem Körper. Es fühlt sich aufregend und zugleich wunderbar an, zu Fuß auf Safari zu gehen und einen ungefilterten Eindruck von der Umgebung zu bekommen. In diesem Moment realisiere ich, dass ich mehr als eine einfache Touristin auf Safari bin. Ich bin gerade dabei, die Komfortzone einer herkömmlichen Safaritour zu verlassen, die vor allem aus Luxus-Lodge und bequemem Geländewagen besteht. Stattdessen tauche ich ein in das Leben einer echten Rangerin. Obwohl die Sonne meine Haut wärmt, spüre ich eine leichte Gänsehaut.

Für eine Hundertstelsekunde schließe ich die Augen, rieche trockene Erde, merke, wie die Savannenluft von Wärme gefüttert wird. Als ich sie wieder öffne, sehe ich, dass John stehen geblieben ist.

»Bevor wir starten, noch eine Sache. Es kann gut sein, dass ich euch während unserer Tour Anweisungen gebe.« Er streckt seinen Arm nach oben aus, die Finger zeigen in Richtung Himmel, die Hand ist angespannt und bewegt sich nicht. »Das heißt stehen bleiben«, erklärt er mit ruhiger, aber eindringlicher Stimme. Er nimmt den Arm etwas tiefer, bewegt die Hand auf und ab. »Wenn ich dieses Zeichen mache, geht bitte in die Hocke, dann geht es darum, dass wir uns im Gras verstecken«, fährt er fort. »Wenn wir in solch einer Situation sind, ist das Wichtigste, dass ihr meinen Anweisungen sofort folgt, ohne Nachfragen zu stellen. Ich werde euch dann im Nachhinein erklären, was die Gefahr war und warum wir so gehandelt haben. Aber in der Situation selbst müsst ihr ausnahmslos parieren. Okay?«

Sein Blick wandert über unsere Gesichter. Es ist offensichtlich, wie wichtig es ihm ist, dass jeder aus der Gruppe diese Anweisungen verstanden hat. Absolut verständlich, im Zweifel geht es um Leben und Tod, und er trägt in gewisser Weise die Verantwortung für uns. Kein Wunder, dass der bisher so humorvolle John jetzt ziemlich ernst wirkt.

Ich nicke, fast wie eine Grundschülerin, die an den Lippen ihres Klassenlehrers hängt, um sicherzugehen, alles richtig zu machen und das nächste Bienchen einzuheimsen. Irgendwie fühle ich mich auch so. Schließlich habe ich absolut keine Ahnung von der afrikanischen Wildnis, inhaliere fast schon jedes Wort, das John sagt, jede Regel, die er uns mit auf den Weg gibt. Ein wahrer Gefühlscocktail gärt in meinem Körper: Absolute Gehorsamkeit mischt sich mit freudiger Erwartung und einer Prise Ungeduld, endlich zur ersten Buschwanderung aufzubrechen.

Aber John ist mit seinen Ausführungen noch nicht am Ende. »Gerade das Stehenbleiben kann in gewissen Situationen eine große Herausforderung sein. Fast alle Menschen haben den Instinkt wegzulaufen, wenn nur wenige Meter vor ihnen ein Löwe oder ein anderes Raubtier steht. Doch eine wichtige Regel in der Wildnis ist: Niemals laufen!«

Für mich klingt das nur mehr als logisch, schließlich identifizieren Raubtiere panisch laufende Objekte als potenzielle Beute. Da braucht es nicht mal ein schwarz-weiß gestreiftes Shirt, um das Beuteschema afrikanischer Raubkatzen zu erfüllen. Als hätte John meine Gedanken gelesen, legt er nach: »Ein Löwe kann fünfzig Kilometer pro Stunde laufen. Das heißt: Hat er ein Auge auf euch geworfen, habt ihr keine Chance. Deswegen geht es darum, es gar nicht erst so weit kommen zu lassen, keine Schwäche zu zeigen und immer standhaft zu bleiben.«

Johns Worte erinnern mich an ein Gespräch mit einer Politikerin, die mir genau diese Regel auch für politische Verhandlungen mitgegeben hat. Wenn man in Verhandlungen feststeckt und sich in die Ecke gedrängt fühlt, sollte man niemals aufstehen und den Raum verlassen. Auch wenn es schwer ertragbar, man wütend über die Uneinsichtigkeit oder den Zickzackkurs des Gegenübers ist oder mit dem Rücken zur Wand steht. Sobald man wegläuft, ist das ein Ausdruck von Unterlegenheit. Und dann wird es schwierig, sich noch durchzusetzen. Vor allem, weil man irgendwann wieder an den Verhandlungstisch zurückkehren muss. Damals in Berlin kamen wir zu dem Fazit: Wer Schwäche zeigt, hat so gut wie verloren.

Ich spinne den Gedanken weiter und komme zu der absoluten Verhandlungsmeisterin auf politischem Terrain: zu Angela Merkel. Wenn ich es nicht besser wüsste, würde ich behaupten, dass sie ihr Geschick in der afrikanischen Wildnis gelernt hat. Das zumindest würde erklären, warum sie so gut darin war, sich keine Schwäche anmerken zu lassen und Gefahren und Provokationen auszusitzen. Besonders auf internationalem Parkett war sie für ihre stahlharten Nerven bekannt. Legendär ist zum Beispiel der Verhandlungsmarathon auf EU-Ebene um das dritte Griechenland-Hilfsprogramm. Dabei ging es zwar offiziell um Griechenland, inoffiziell stand aber nicht weniger als die Zukunft Europas auf dem Spiel. Die Fronten der Verhandlungspartner waren verhärtet, es kam zu einer alles entscheidenden Verhandlungsnacht. Siebzehn Stunden setzten sich die EU-Regierungschefs an einen Tisch. Porzellan wurde zertrümmert und wieder zusammengesetzt, zwischendurch war komplett unklar, wie die unterschiedlichen Positionen zusammengebracht werden sollten. Doch am Ende verkündeten die Regierungschefs eine Einigung. Ein Kompromiss war geschmiedet, hinter dem sich alle versammeln konnten. Der Erfolg wird vor allem Angela Merkel zugeschrieben, die Brücken gebaut und sich nicht zermürben lassen haben soll. Und selbst als sie nach siebenundzwanzig Stunden ohne Schlaf vor die Presse trat, ließ sie sich von provozierenden Fragen der Journalisten nicht aus der Reserve locken. Was für eine Überlebenskünstlerin im Politik-Dschungel, feixe ich innerlich.

Mit dem Vorsatz, ähnlich stahlharte Nerven an den Tag zu legen, mache ich mich auf zu meiner ersten Buschwanderung hier im Okavango-Delta. Was folgt, ist ein kurzer, etwa einstündiger Spaziergang über die weite Graslandschaft zu einzelnen Bauminseln, die alle noch in Sichtweite zu unserem Camp liegen. John geht mit lässigem Schritt voran, das Gewehr für den Notfall immer noch auf seiner Schulter. Was genau der Notfall sein könnte, darüber möchte ich lieber nicht nachdenken.

Nach John reihen wir Rangerschüler uns wieder ein, halten eher zu wenig Abstand zu ihm als zu viel, aus Angst, dass etwas passieren könnte. Ganz am Ende unserer kleinen Gruppe geht Christian, ebenfalls mit einem Gewehr im Anschlag, um die Gruppe nach hinten abzusichern und John so zu unterstützen. Keiner von uns traut sich einen Mucks zu sagen, auch John hält sich mit Erklärungen zurück. Es scheint, als ginge es ihm heute vor allem darum, dass wir Vertrauen fassen, zu ihm und zur Wildnis. Wir hören, wie der Wind leise durch die Gräser pfeift, wie Vögel zwitschern, wie Insekten zirpen.

Mit den Geräuschen der Natur im Ohr wandern wir über die weite Fläche. Während ich äußerlich still bin, fühle ich mich innerlich, als würde ich gleich explodieren. Das

Adrenalin rauscht lautstark durch meine Adern. Dieses Gefühl, ohne Schutzpanzer, sprich ohne Safari-Jeep in der afrikanischen Wildnis unterwegs zu sein, einzig und allein getragen von den eigenen zwei Beinen, versetzt meinen Körper in permanente Alarmbereitschaft. Ich kann mich nicht erinnern, wann ich das letzte Mal so unter Strom stand – selbst in meinem Job als Pressereferentin nicht.

Als wir die nächste Baumreihe erreichen, hören wir plötzlich rechts neben uns ein lautes Knacken. Es klingt, als würden Äste zerbrechen, während sich ein großes Tier seinen Weg durch die Büsche bahnt. Im gleichen Moment nehme ich aus dem Augenwinkel wahr, wie John seine Hand hoch und runter bewegt. Das Signal, dass wir in Deckung gehen sollen. Intuitiv hocke ich mich hin, auch die anderen zögern keinen Moment. Gespannt sind alle Blicke auf das Gebüsch gerichtet, aus dem das Knacken kam. Ich habe Angst. Mir geht das alles zu schnell. Ich bin noch nicht bereit dafür, schon am ersten Tag einem Raubtier in die Augen zu schauen, ohne Schwäche zu zeigen.

Einige Minuten verharren wir in der Hockposition, gut getarnt durch das kniehohe Gras. Immer noch hoch angespannt lauschen wir den Geräuschen. Ganz langsam entfernt sich das Knacken, wird immer leiser, bis es schließlich komplett verstummt.

Wir bleiben weiter in der Hocke. John scheint sicher sein zu wollen, dass die Gefahr gebannt ist. Erst als meine Füße langsam taub werden, erhebt sich unser Rangerlehrer und signalisiert uns, dass auch wir wieder aufstehen können.

Ich richte mich langsam auf – tausend Fragen brennen mir gerade unter den Nägeln. Doch John führt seinen Zeigefinger an die Lippen, um uns klarzumachen, dass wir weiterhin ruhig sein sollen. Was auch immer in diesem Busch war, er will es nicht erneut aufschrecken.

Die Strecke zu unserem Camp legen wir schweigend zurück, ohne dass wir Tiere sehen oder merkwürdige Geräusche hören. Jeder hängt seinen Gedanken nach.

Angekommen stürzen wir uns auf John, wollen mit ihm noch mal die Situation analysieren, auch um abzuschätzen, wie gefährlich sie wirklich war. Doch die Gelassenheit hat John schon wieder eingeholt, abgebrüht zuckt er die Schultern. Vielleicht war es ein Büffel, vielleicht auch nur eine Antilope. So ganz sicher ist er sich nicht, allerdings wollte er nicht gleich am ersten Tag mit uns weiter in das Gebüsch vordringen, um näher an das Tier ranzukommen.

Es wirkt fast so, als würde er sich dafür entschuldigen. Dabei bin ich ihm für seine Vorsicht überaus dankbar. Denn wenn ich heute eines gelernt habe, dann das: Von stahlharten Nerven à la Angela Merkel bin ich noch meilenweit entfernt. Keine Schwäche zu zeigen, muss ich definitiv noch lernen.

Spurenlesen für Anfänger

Die ersten Tage im Okavango-Delta vergehen wie im Fluge. Rasch stecken wir bis über beide Ohren im Rangerleben. Unser Tagesablauf ist proppenvoll und gut strukturiert: aufstehen, bevor die Sonne aufgeht, Frühstück, Safaribeginn um 6.30 Uhr, Mittagsessen im Camp, zwei Stunden Theorie, danach wieder Safari. Mit Einbruch der Dunkelheit geht es dann zurück ins Camp, es folgen Abendessen, Lagerfeuer und die Auswertung des Tages im Lichte der Flammen. Danach falle ich nur noch todmüde ins Bett.

Die Ausbildung ist knackig, intensiv und gleichzeitig spannend. Von Biologie und Geschichte bis hin zu Technikeinführung in den Geländewagen – mit Voll-Karacho rast John mit uns durch das Einmaleins für angehende Ranger. Ziel der mehrwöchigen Ausbildung ist es, dass wir am Ende ein Basis-Zertifikat in den Händen halten, das uns offiziell dazu befähigt, Safaritouristen durch die Wildnis zu lotsen. Doch wir stehen erst am Anfang, vor uns liegt noch ein langer Weg, vollgepackt mit Theorie- und Praxisblöcken.

Ich lerne viel Neues über das Leben in der Wildnis, über die Natur an sich, über Botswana. Dennoch beschleicht mich das Gefühl, dass ich hier weit davon entfernt bin, ein Leben ohne Terminplaner zu führen. Der Tag ist ungefähr so durchgetaktet wie ein knüppeldickevoller Arbeitstag im Deutschen Bundestag, an dem sich eine Besprechung an die nächste reiht, von morgens bis abends. Irgendwie habe ich mir meine Auszeit entspannter vorgestellt. Gerade das frühe Aufstehen bringt mich an meine Grenzen.

Klar, die Wahrscheinlichkeit, Tiere zu sehen, ist in der Morgendämmerung größer. Dennoch muss ich gestehen, dass ich mich bei jeder Katzenwäsche morgens um 5.30 Uhr bei eiskalten Temperaturen frage, warum ich mir das eigentlich antue. Sieben Tage die Woche, jeden Tag in dieser Frühe! Das kommt ja fast an meine Aufstehzeit heran, wenn ich in der Pressestelle den Frühdienst schiebe. Und dann ist das Aufwachen in der Regel deutlich entspannter, flankiert durch die Snooze-Funktion meines Weckers, mit anschließender warmer und ausgiebiger Dusche. Doch in der Natur ist das anders, hier gibt es keine Schlummertaste.

Ich stoße einen tiefen Seufzer aus, als John plötzlich den Jeep anhält. Es ist Tag vier, und wir sind gerade zu unserer morgendlichen Safaritour aufgebrochen. Die Sonne steigt am Horizont auf, die warmen Sonnenstrahlen kämpfen mit der kalten Luft um die Deutungshoheit. Eindeutig im Vorsprung liegt die kalte Luft, die Temperaturen sind nah am Gefrierpunkt. Ich ziehe mir meine kuschelige Wollmütze tief ins Gesicht.

»Was seht ihr hier?«, fragt John und blickt in eine Runde verschlafener Gesichter. Irritiert schaue ich mich um. Wir stehen mitten auf der Straße. Vor uns nichts außer Sand und Steine, hinter uns genauso. Rechts vom Jeep, in etwa zehn Metern Entfernung, wachsen ein paar mickrige Büsche und Sträucher, links erstreckt sich eine Graslandschaft. Keine Tiere weit und breit. Glaube ich zumindest.

Oder habe ich etwas übersehen? Versteckt sich vielleicht irgendwo in den Büschen wieder einer von den vielen Vögeln, über die John mit großer Begeisterung stundenlang und in allen Einzelheiten referieren kann? Die er aus Hunderten von Metern mit bloßem Auge sieht, während ich mit meinem Fernglas Probleme habe, sie überhaupt zu entdecken. Ich hole es raus, setze es an und suche die Äste ab. Manche meiner Kollegen tun es mir gleich.

»Nein, ganz falsche Richtung«, sagt John und zeigt auf die freie Fläche vor uns. »Bevor wir heute auf Safari gehen, werfen wir erst mal einen Blick in die Buschzeitung.«

Buschzeitung? Ich stehe weiterhin auf dem Schlauch. Zwar bin ich in meinem »normalen Leben« Pressereferentin und kenne die Medienlandschaft ziemlich gut, aber eine Buschzeitung wird in Berlin in keinem Zeitungspaket mitgeliefert. Erst als John uns alle bittet auszusteigen, dämmert es mir. Auf der etwa fünf Meter langen Sandfläche vor dem Jeep wimmelt es nur so von Spuren.

John hilft uns auf die Sprünge: »Hier können wir morgens genau nachlesen, was in der Nacht passiert ist. Das hilft uns, eine Übersicht zu bekommen, welche Tiere hier in der Umgebung aktiv sind und in welche Richtung sie gelaufen sind.« John geht auf die Sandfläche und kniet sich hin. Als wir ihm folgen wollen, ruft er uns zu: »Passt auf, wo ihr hintretet!«

Wie Ballerinas in Wanderschuhen tänzeln wir auf Zehenspitzen über die Buschzeitung, mit allergrößter Vorsicht, keine Spur zu zerstören. Nicht ganz einfach, denn es wimmelt nur so von Abdrücken im Sand, in verschiedenen Größen und Formen.

John zeigt auf eine Spur, weniger als zehn Zentimeter lang, die mich an ein zerbrochenes Herz erinnert. »Das hier ist ein Huftier«, setzt er zur Erklärung an. Alles klar, die beiden Herzhälften, die ich darin gesehen habe, sind Hufe.

»Um genau zu sein, ist das eine Antilopenspur«, fährt er fort. Ich blicke mich um und entdecke immer mehr dieser Spuren. Was durchaus Sinn ergibt, schließlich sind Antilopen in Herden unterwegs.

Damit beginnt unsere Einführung ins Fährtenlesen – eine der altertümlichen Überlebenskünste in Afrika, die schon indigenen Völkern beim Aufspüren von Wildtieren geholfen hat. So betrachtet, ist die Buschzeitung vermutlich die älteste Zeitung der Welt und für Ranger gehört sie zur Pflichtlektüre.

»Wenn ihr die Spuren lesen wollt, müsst ihr sie euch ganz genau anschauen«, erklärt John weiter. »Ist es ein Huftier oder nicht? Wie groß ist die Spur? Wie viele Zehen gibt es? Und ganz wichtig: Hat das Tier Krallen?« Sein Blick wandert über die Sandfläche, bleibt an einem Punkt hängen.

»Schaut hier«, sagt er und zeigt auf eine neue Spur. Vorsichtig nähern wir uns dieser. Die Spur ist etwas größer, anstatt zweier Hufe sehen wir jetzt allerdings unverkennbar einen Fußballen und vier Zehen.

»Ist das ein Löwe?«, frage ich aufgeregt.

John lacht: »Nein, Maria, wenn du genau hinschaust, siehst du vorne noch Krallenabdrücke – die gibt's beim Löwen nicht, das ist eine Hyäne.«

»Hier sind auch noch mehr Hyänenspuren«, ruft Sue und deutet unweit unserer Spur auf weitere Fußabdrücke.

»Ja«, sagt John, »und sie sind ganz frisch, vermutlich von letzter Nacht, das erkennt ihr an den klaren Konturen.«

Ich blicke auf die Fährte. Tatsächlich ist die Erde fester zusammengepresst und der Umriss dadurch deutlich besser zu erkennen als bei der Antilopenspur. Verrückt, denke ich, während ich auf die Spuren starre. Nun sitze ich am anderen Ende der Welt und lese doch wieder Zeitung, um mir ein Bild von der Situation zu machen.

Als Pressereferentin tue ich nämlich genau das: Tag für Tag starte ich meine Arbeit mit Zeitung lesen, versuche mir einen Überblick über die politische Großwetterlage zu verschaffen. Daraus werden Informationen gezogen und Aktivitäten für den Tag entwickelt. Jeden Morgen gibt es eine Presselage in unserem Team, wo es genau darum geht: Was ist in den letzten Stunden passiert? Was ist die Gemengelage im politischen Berlin? Welches Thema wollen wir bespielen? Welcher Fährte sollte nachgegangen werden?

Nichts anderes machen wir hier auch gerade. Herrlich,

wie sich manche Sachen dann einfach doch kaum ändern. Nur dass ich mich nicht über ein Politiker-Interview in der Süddeutschen Zeitung beuge, sondern über eine Hyänenspur im Sand.

»Leute, kommt mal rüber!«, ruft John aufgeregt.

Wir eilen zu ihm auf die andere Seite der Sandfläche. Die Spur, die er gerade inspiziert, ist frisch, das sehe ich als Profi-Rangerin sofort. Na ja, vielleicht ist es auch die Aufregung in Johns Stimme, die mich zu dieser Vermutung kommen lässt. Ansonsten sieht die Fährte dem Hyänen-Fußabdruck sehr ähnlich. Doch Moment, die Krallen fehlen! Ist das vielleicht ein Löwe?

Noch bevor ich die Frage laut stellen kann, kommt mir John zuvor: »Das ist eine Leopardenspur, frisch, vermutlich von letzter Nacht. Kommt, wir suchen das Tier«, sagt er, läuft zurück zum Jeep und springt sogleich auf den Spurenlesersitz, ein einfacher, unbequem aussehender Klappsitz, der vorne auf der Motorhaube befestigt ist.

Wir schauen ihn fragend an. Wenn unser Rangerlehrer auf der Motorhaube sitzt, wer von uns soll denn dann fahren?

»Das könnt ihr unter euch ausmachen«, ruft er uns zu, »ich wollte heute sowieso mit eurem Fahrtraining beginnen.«

Wir zögern einen Moment und schauen verunsichert in die Runde. Nach kurzem Innehalten bleiben alle Blicke an Kabelo haften. Schließlich ist der junge Botsuaner der Einzige von uns, der Erfahrung mit Geländewagen hat. Schon mehrere Jahre hat er als Aushilfe in einem Safariunternehmen gearbeitet, nun will er sich weiter hocharbeiten. Die Rangerausbildung ist für ihn wie ein Sechser im Lotto. Der Ruf unserer Rangerschule eilt ihr weit voraus. Wer hier als Einheimischer einen Abschluss macht, kriegt danach ziemlich sicher eine Anstellung. Das weiß auch Kabelo. Ohne zu zögern, hievt er sich hinter das Lenkrad und übernimmt den Fahrerjob. Wir anderen danken es ihm und versuchen von der Rückbank aus, weitere Spuren zu erspähen.

Kabelo setzt das Auto in Bewegung, dem Fußabdruck folgend. Im zweiten Gang lässt er den Jeep vor sich hin tuckern, bloß nicht zu schnell, damit uns keine Fährte entgeht. Doch von weiteren Leoparden-Lebenszeichen keine Spur. Es ist, als wäre der Leopard vom Erdboden verschluckt. Auch vom Spurenlesersitz aus hat John nichts Neues zu berichten, trotzdem navigiert er Kabelo ziemlich zielstrebig, lässt ihn mal nach links abbiegen, lotst ihn dann wieder nach rechts. Wir verlieren uns in einem Geflecht aus kaum befahrenen Sandstraßen.

Ich werde langsam ungeduldig. »Wenn wir die Spur verloren haben, woher weißt du dann, wo wir hinfahren müssen?«, rufe ich John zu. Ein Navigationsgerät kann doch nur funktionieren, wenn es Koordinaten bekommt. Doch das scheint in der Rangerwelt anders zu sein.

»Ist so ein Gefühl«, antwortet John.

Ein Gefühl? Skeptisch runzle ich die Stirn. Mein Gefühl sagt mir, dass hier jeder Busch und jeder Termitenhügel gleich aussieht und wir den Leoparden verloren haben. Aber vielleicht ist es auch die jahrelange Erfahrung, die John so sicher macht. Schließlich ist es bei mir ja ähnlich.

Wer jeden Morgen über Jahre hinweg die Medienlage absorbiert, entwickelt ein Gefühl dafür, welches Thema den Tag dominieren und am Ende des Tages in der Tagesschau landen wird. Ja, schlimmer noch: Nicht selten hat man schon morgens eine gewisse Vorahnung, welcher Politiker sich aus der Deckung wagen wird und wer eher abtaucht.

Nehmen wir als Beispiel das Klimasofortprogramm für den Verkehr. Bereits am selben Tag als Verkehrsminister Volker Wissing dieses vorstellte, wurden Zweifel laut, ob es ausreichen würde, um die Klimaziele einzuhalten. Ein Expertenrat schaute sich das genauer an, analysierte die Vorhaben und kam zu dem Ergebnis: Das Klimaprogramm ist löchrig wie ein Schweizer Käse. Für den FDP-Minister Wissing eine Klatsche. Doch auf offener Bühne wollte er diese nicht annehmen. Wie zu erwarten, tauchte er ab, ließ den Sturm der Entrüstung über sich hinüberziehen. Die politische Konkurrenz – von der Opposition bis hin zum eigenen Koalitionspartner – nutzte hingegen jede Kamera und jedes Mikro, um die Kritik an den Verkehrsminister in die Welt zu schmettern. Das Politik-Spektakel rund um das Klimaverkehrsprogramm verlief nach zu erwartenden Mustern, die ich aufgrund meiner Erfahrung und meines Bauchgefühls genauso hätte vorhersagen können.

»Vertrau mir, Maria, mit der Natur kenne ich mich aus«, reißt John mich aus meinen Gedanken. Als wolle er mir beweisen, was für ein Herzblut-Ranger er ist, erzählt er, wie er quasi »im Busch«, wie er es selbst nennt, groß geworden ist. In Kenia geboren und aufgewachsen, sein erstes Wort war nicht »Mama«, sondern »Elefant«. Dem Ruf der Wildnis ist er seit seiner Kindheit gefolgt, seitdem wollte er Ranger werden. Nach der Schule kam die Ausbildung in Südafrika, danach die Arbeit in verschiedenen afrikanischen Nationalparks, seit mehreren Jahren arbeitet er nun im Okavango-Delta.

Seine Erzählungen faszinieren mich. Zum ersten Mal nehme ich meinen Rangerlehrer ganz bewusst wahr, mustere ihn von oben bis unten. Wie er mit olivgrüner Hose, hellbrauner Jacke, Cowboyhut und Dreitagebart da vorne auf dem Spurenlesersitz thront, erinnert er ein wenig an den Marlboro-Mann. Zwar ohne Pferd, dafür mit Jeep und der vollen Ladung Coolness. Sein Aussehen verkörpert Freiheit, Natur und Unabhängigkeit. Ein echter Ranger!

Gerade als mein Marketinghirn automatisch losrattert und anfängt, Werbeplakate mit John zu entwerfen, dringt seine sanfte Stimme wieder zu mir durch: »Hier im Busch kenne ich jeden Stein, hier wirft mich so schnell nichts aus der Bahn. Aber bei dir in Berlin wäre ich vermutlich total verloren.«

Ich muss schmunzeln bei dem Gedanken, wie John mit seinem Cowboyhut durch den Bundestag stapft und nach einem Kopierer sucht. Unvorstellbar!

Wir setzen unsere Suche nach dem Leoparden fort – zwar ohne weitere Spuren zu finden, dafür mit Johns Bauchgefühl. Ich lasse mich von seinem Optimismus anstecken. Zu groß ist der Wunsch, dass wir eine Raubkatze vor die Linse kriegen.

Dabei wissen wir, dass es ein kleines Wunder wäre, wenn wir gleich am Anfang unserer Ausbildung einen Leoparden sehen würden. Denn besonders Leoparden sind schwer zu finden, ihr Ruf als »unsichtbare Jäger« eilt ihnen voraus. Durch ihr gemustertes Fell sind sie exzellent getarnt. Selbst für erfahrene Ranger ist es kein leichtes Spiel, sie in der Wildnis aufzuspüren. Aber die Hoffnung stirbt zuletzt.

Immer wieder signalisiert John unserem Fahrer Kabelo, das Fahrzeug anzuhalten, springt von seinem Spurenlesersitz, beugt sich über eine Spur, schüttelt den Kopf, springt wieder auf, weiter geht's. Doch die Zeit zieht sich wie Kaugummi. Auch nach einer halben Stunde haben wir immer noch keine Spur von dem Raubtier. Meine Hoffnung schwindet mehr und mehr. Wir tappen komplett im Dunkeln.

Plötzlich schnellt Johns Kopf in die Höhe, seine Stirn kräuselt sich, der Gesichtsausdruck zeugt von maximaler Konzentration. »Fahr nach rechts!«, ruft er Kabelo zu, der sofort reagiert, das Lenkrad umschlägt und mit einer scharfen Kurve die eigentliche Straße verlässt.

»Habt ihr den Vogel gehört?«, fragt John uns.

Die Rückbank verliert sich im Kopfschütteln, zu sehr hat das spontane Wendemanöver unsere Aufmerksamkeit gefesselt. Nur Kabelo meldet sich zögerlich zu Wort: »Ja, ich glaube, das war ein Rotkehlfrankolin.«

Wie bitte? Mit großen Augen schaue ich Kabelo an. Nicht nur, dass ich diesen Vogelnamen noch nie gehört habe, auch kann ich nicht glauben, dass Kabelo den Ruf wahrgenommen hat, obwohl er am dichtesten am laut stotternden Motor sitzt und sich aufs Fahren konzentrieren muss.

»Richtig«, ruft ihm John zu. »Diesen Laut macht der Vogel immer dann, wenn er sich bedroht fühlt, möglicherweise durch ein Raubtier.«

Vielleicht ist das unsere Spur zum Leoparden?

Fassungslos schüttele ich den Kopf. Dieser Tag steckt wirklich voller Überraschungen. Erst die Buschzeitung, nun die Vogelrufe, die uns navigieren. Die Parallele zur Politikwelt haut mich fast aus dem Jeep. Unser Alarmruf im Politik-Dschungel sind unter anderem die »Trending Topics« bei Twitter. Also die Themen, die bei Twitter und auch in anderen sozialen Netzwerken gerade viel diskutiert werden. So kann hier plötzlich ein Thema hochkochen, das wir vorher noch gar nicht auf dem Schirm hatten und auf das zügig reagiert werden sollte.

Gerade im Vorfeld der letzten Bundestagwahl war oberstes Gebot, stets einen Blick auf die sozialen Netzwerke zu werfen. Fake News wurden im Internet gezüchtet und verbreitet wie vermutlich noch nie zuvor. Doch lange bevor eine Zeitungsredaktion diese Lügen auf ihren Schreibtisch bekam und prüfen konnte, wurden über soziale Netzwerke sowie Messengerdienste Hunderttausende Menschen mit den Fake News überflutet. Besonders die Grünen und allen voran Annalena Baerbock standen im Zentrum solcher Hetzkampagnen. Vom Ende der Haustierhaltung bis zur Abschaffung der Witwenrente – unzählige gefälschte Zitate kursierten von ihr im Netz. Und so absurd die Forderungen auch klingen mögen, hatten sie doch eins gemeinsam: Es handelte sich um hoch emotionale Themen, die viele Wähler verprellten. Umso wichtiger war es, die Fährte in den sozialen Netzwerken genau zu verfolgen und Alarmrufe frühestmöglich wahrzunehmen. Nur so konnten Lügen schnell entlarvt und richtiggestellt werden.

Das Frühwarnsystem für Rangerschüler auf Leopardensuche – der Rotkehlfrankolin – trottet nun direkt durch unser Sichtfeld. Keine zwanzig Meter von uns entfernt läuft der graugefiederte, fasanenartige Vogel durch das halbhohe Gras. Und in der Tat: Irgendetwas scheint diesen Vogel zu stressen, er zwitschert lautstark vor sich hin, als wäre er mit seiner Gesamtsituation unzufrieden.

Gespannt scannen wir die Umgebung ab. Unsere Blicke schweifen über das Gras, suchen einen Leoparden, der sich auf leisen Pfoten anschleicht. Auch auf den Ästen der umliegenden Bäume könnte sich der Angreifer versteckt haben, denn Leoparden sind dafür bekannt, sich gerne auf Bäume zurückzuziehen.

Blitzte dort nicht gerade ein Leopardenmuster durch das Geäst? Ich kneife meine Augen zusammen, strenge meinen Blick an. Keiner von uns spricht, alle warten ab. Genauso wie der Vogel, der mittlerweile auch verstummt ist und wesentlich entspannter wirkt als wir angehenden Ranger. Kein weiterer Alarmruf, kein auffälliges Verhalten.

Nach einer Viertelstunde geben wir auf. John dreht sich zu uns um und sagt: »Leute, ich glaube hier gibt es keinen Leoparden.«

Ich muss schon wieder schmunzeln: Also auch das ist wie Twitter – nicht jeder Alarm bedeutet letztendlich wirklich Gefahr, manchmal ist es auch einfach nur heiße Luft.

Im Blitzlichtgewitter:
die Big Five

Mittlerweile ist es über eine Woche her, dass ich mein Berliner Großstadtleben auf Stand-by geschaltet habe und in den Rangermodus gewechselt bin. Eine ganze Woche abgeschottet von der Zivilisation, weit entfernt von jeglichem Handyempfang. Im Camp kursiert das Gerücht, dass man mit dem Jeep zu einem bestimmten Baum, circa drei Kilometer entfernt, fahren muss, um auch ohne die viel beschworene Mascom-Sim-Karte Handynetz zu haben. Andere Legenden wiederum ranken sich darum, dass rund um Johns Zelt ein WLAN-Netzwerk existieren soll. Als wir ihn darauf ansprechen, schweigt er nur vielsagend.

Und ja, ich gebe es zu: Während ich am Tag meiner Anreise noch vollmundig behauptet habe, dass Ranger keinen Handyempfang bräuchten, spüre ich jetzt erste Nebenwirkungen der Telefon-Abstinenz. Meine Finger kribbeln, gerne wüsste ich, wie es meiner Familie zu Hause geht und was meine Freunde so treiben. Ich brenne darauf, ihnen zu erzählen, was ich in der ersten Woche alles erlebt habe. Eines

Nachts träume ich sogar davon, wie ein Elefant mein Handy zertrümmert. Voller Scham wache ich auf: Ich fühle mich wie ein Handy-Junkie auf Entzug.

Eigentlich kein Wunder, schließlich ist mein Smartphone-Konsum im Berliner Alltag exzessiv. Wie ein modisches Accessoire trage ich das Diensthandy an einer schicken Kordel hängend immer bei mir, das Privathandy steckt dazu noch in der Hosentasche. Die Flut von Nachrichten, die per Mail, SMS, Threema, Whatsapp, Facebook, Instagram und Twitter auf mich einspült, ist enorm, der Takt hoch. Jetzt auf komplett null zu gehen, gleicht einer radikalen Diät. Dennoch steht für mich außer Frage, dass ich weiter auf Digital Detox setze.

Und siehe da, nach dem Handy-Albtraum scheine ich aus dem Gröbsten raus zu sein, es geht bergauf. Mit jedem Tag, der vergeht, wird es besser. Ja, ich fange sogar an, es wertzuschätzen, nicht ständig das Telefon im Blick zu haben, nicht sofort auf Mails reagieren zu müssen.

Nach und nach wird mir klar, was diese ständige Erreichbarkeit mit mir macht, wie sie mich auch verändert. In Deutschland fühle ich mich oft unruhig, wie eine Getriebene. Es fällt mir schwer, mich auf längere Arbeitsprozesse zu konzentrieren oder ausschweifenden Erzählungen zu folgen. Wenn jemand nicht zum Punkt kommt, werde ich ganz hibbelig und rutsche auf meinem Stuhl ungeduldig hin und her.

In der politischen Kommunikation geht es um unmissverständliche, knappe Sätze. Die Botschaft muss nach vorne gestellt werden, am besten auch noch mit Witz und Charme und einer Metapher, die in Erinnerung bleibt. Das ist wichtig im Kampf um die mediale Aufmerksamkeit. Wer ausufernd erzählt, um den heißen Brei herumredet und nicht zum Punkt kommt, hat schlechte Chancen in der Politik.

In Botswana ist das anders. Hier geht es nicht um Effizienz, Zeitdruck und den Zehn-Sekunden-Sendeausschnitt für die Tagesschau. Nein, hier geht es darum, sich fallen zu lassen und in die Natur einzutauchen. Will man Tiere sehen, muss man sich ihrem Rhythmus anpassen. Da hilft es auch nichts, wenn man sich im Buschzeitunglesen spezialisiert hat. Die Wildtiere geben den Takt an, nicht die Ranger. Und manchmal kann das auch Wochen dauern …

»Moment, was hast du gesagt?«, frage ich John. »Wann hast du das letzte Mal einen Löwen gesehen?« Aha! Da ist es wieder, mein ungeduldiges Ich. Und ich dachte schon, ich hätte es abgeschüttelt, aber so einfach geht das dann wohl doch nicht.

Wir sitzen in unserem Jeep, die Sonne schiebt sich immer höher in den Himmel. Seit knapp zwei Stunden sind wir heute schon unterwegs. Vor uns liegt eine karge Landschaft, kaum Bäume, wenige Sträucher, die Farbpalette ist eher monoton, irgendwas zwischen ocker-braun und braun-grün. Eigentlich wäre jetzt die Jahreszeit, wo das Wasser aus dem angolischen Hochland heruntergespült wird. Doch statt tosender Wassermassen weht nur ein trockener, staubiger Wind. Selbst die Ranger in unserem Camp machen sich Sorgen: Solch eine Wasserknappheit hat es hier wohl schon lange nicht gegeben.

Für unsere Rangerschule heißt das: Wasser sparen, wo immer es geht. Die Wasserrationen für die morgendliche Katzenwäsche wurden drastisch beschränkt, duschen dürfen wir nur noch alle zwei Tage mit maximal einem Eimer Wasser, Wäsche waschen so selten wie möglich. Aber ob ich frisch geduscht bin und ein sauberes Shirt anhabe, interessiert hier in der Wildnis sowieso niemanden.

Woran es liegt, dass das Wasser nicht fließt, weiß niemand genau. Möglicherweise war es das Erdbeben, das vor einiger Zeit Botswana erschüttert und einiges im Ökosystem durcheinandergewirbelt hat. Vielleicht sind es aber auch die langen Fangarme der Klimakrise, die das Land umklammern. So verschieden die Theorien auch sind, so eindeutig ist das Bild in der Praxis: Der südöstliche Rand des Okavango-Deltas lechzt nach Wasser – und wir mit ihm.

Für mich ist es eine neue Erfahrung, am eigenen Leib zu spüren, wie es sich anfühlt, wenn das Wasser knapp wird. Und auch die Eintönigkeit der Landschaft spiegelt sich so langsam in meiner Stimmung wider. Unsere Erfolgsquote bei den großen Tieren ist bei null. Die Leopardenspur hat uns nie zu einem Leoparden geführt. Und auch von Löwen oder Nashörnern gibt es weit und breit nichts zu sehen. Den einzigen Elefanten, den ich in Botswana bislang zu Gesicht bekommen habe, war der Plüsch-Elefant im Souvenirshop am Flughafen.

Bevor das Frustrationskarussell bei mir so richtig in Fahrt kommt, höre ich, wie John auf meine Frage antwortet:

»Das letzte Mal war ein Rudel Löwen vor etwa vier Wochen hier.«

Vier Wochen? Rasch überschlage ich, was das bedeutet: Womöglich werde ich während meiner vierwöchigen Rangerausbildung gar keinen Löwen sehen? Enttäuschung macht sich in mir breit. Schließlich hatte ich mich doch gerade auf die Big Five so gefreut. Sie sind die Highlights einer jeden Safaritour – Löwen, Leoparden, Nashörner, Büffel und Elefanten. Wenn sie auftauchen, sind sie umzingelt von Touristen-Jeeps. In Nationalparks wie dem Krüger-Nationalpark in Südafrika muss man nur den Menschenmassen mit ihren Teleobjektiven folgen, um die Stars der Savanne zu finden.

Ich zucke kurz zusammen bei dem Gedanken, wie bekannt mir dieses Phänomen doch ist. Auch im Politik-Dschungel gibt es einen regelrechten Big-Five-Hype. Zu den »Großen Fünf« des Berliner Politikbetriebs gehören Bundespräsident, Bundeskanzler, Minister, Partei- und Fraktionsvorsitzende. Wo sie sind, sind die Kameras nicht weit. Gerade nach Sonnenuntergang, bei politischen Abendveranstaltungen und Empfängen, ähnelt das Schauspiel im politischen Berlin dem im Krüger-Nationalpark. Sobald die Politik-Prominenz das Terrain betritt, ist sie umgeben von einer Menschentraube aus Journalisten und Fotografen. Dabei gilt die Faustregel, je mehr Menschen die Traube hat, desto wichtiger der Politiker oder die Politikerin.

Die Kehrseite der Medaille: Ähnlich wie Löwen, Elefanten oder Nashörner stehen gerade die Top-Politiker unter ständiger Beobachtung. Verlassen sie erst einmal ihr Dickicht – ihre Wohnung oder ihr Büro –, müssen sie sich in Acht nehmen. Denn jeder Schritt wird beobachtet, jede unvorteilhafte Bewegung, jede Mimik, jede Gestik kann durch einen Schnappschuss für die Ewigkeit festgehalten werden.

Eine besonders große Gefahr stellt für Politiker der Prozess der Nahrungsaufnahme dar. Denn es ist quasi ein ungeschriebenes Gesetz, dass Essensfotos einfach immer unappetitlich sind. Besonders heikel ist das Wurstessen. Wohl kaum ein Politiker in Deutschland kommt an einem Foto vorbei, auf dem er oder sie genüsslich in die Bratwurst beißt. Denn wer auf einem Volksfest die Wurst verschmäht, läuft Gefahr, nicht als volksnah wahrgenommen zu werden. Doch gut Wurst essen will gelernt sein. Das führte offenbar sogar dazu, dass Gerhard Schröder einen eigenen Bratwurst-Coach hatte, so zumindest erzählt man es sich im politischen Berlin. Ob das stimmt oder nicht, werden wir wohl nie erfahren. Aber zeigt es doch, wie wichtig es ist, als Politik-Promi im guten Licht zu stehen – auch beim Essen.

Und was zu Schröder-Zeiten schon galt, ist heute wichtiger denn je. Denn durch die sozialen Medien verbreiten sich peinliche oder überraschende Fotos und Videos in Sekundenschnelle. Davon kann der amerikanische Politiker Bernie Sanders ein Lied singen, der zur Amtseinführung des neuen US-Präsidenten Joe Biden den Vogel abschoss. Während alle anderen Gäste sich in Schale warfen, penibel die Frisur zurechtrückten und teure Mäntel und Anzüge trugen, entschied sich Bernie Sanders für die praktische

Variante: eine gemütliche Winterjacke und dicke Wollhandschuhe mit Strickmuster. Ganz und gar nicht feierlich, dafür warm. Schließlich herrschte an dem Tag Eiseskälte in Washington, die Zeremonie fand draußen statt. Kurze Zeit später geisterte ein Foto durch das Internet, auf dem der Gast frierend und zusammengekauert auf seinem Klappstuhl saß, beide Hände tief in den braun-weißen Wollhandschuhen vergraben. Dieser winterliche »grumpy-chic«-Auftritt von Bernie Sanders, der so gar nicht in das Setting der Amtseinführung passte, schlug in den sozialen Netzwerken hohe Wellen, fast sogar höhere als die Amtseinführung selbst. Einzig und allein durch sein ungewöhnliches Verhalten wurde der Protagonist in kürzester Zeit zum Internethit. Eine Entwicklung, die jedem Big-Five-Politiker passieren kann. Und nicht nur denen: Auch Videos von Big-Five-Tieren, die sich ungewöhnlich verhalten, gehen im Netz in kürzester Zeit viral.

Doch was erst einmal in den Weiten des Internets oder den Tiefen der Medienarchive ist, lässt sich so leicht nicht wieder aus der Welt schaffen. Das führt dazu, dass vor wichtigen Auftritten von Politikern ein ganzer Tross an Menschen in die Vorbereitung involviert ist. Stylisten kümmern sich ums Optische, Schauspieltrainer geben Hinweise zur Performance, Pressesprecher schleifen noch mal an der Botschaft. Jedes Haar muss liegen, jedes Wort sitzen. Big-Five-Politiker durchlaufen vor bedeutenden Auftritten nicht selten einen regelrechten Beratungsmarathon, damit das Bild am Ende stimmt.

Doch Fakt ist auch: Keine PR-Maschinerie dieser Welt kann Fehltritte zu hundert Prozent verhindern. Gerade in Wahlkampfzeiten, wenn Top-Politiker rund um die Uhr in der Öffentlichkeit stehen, sind Fauxpas nahezu vorprogrammiert. Fettnapf-König des vergangenen Wahlkampfes war zweifelsohne Armin Laschet. Einer seiner größten Patzer: Während Bundespräsident Frank-Walter Steinmeier im Flutkatastrophengebiet eine Ansprache über die dramatische Situation vor Ort hielt, sah man im Hintergrund Armin Laschet beherzt lachen und feixen. Nichts gegen eine rheinländische Frohnatur, doch in solch einer Situation äußerst unangemessen. Das Bild verbreitete sich in Windeseile über alle Kanäle. Der Eindruck, der dadurch bei den Wählern entstand, war fatal. Viele Menschen stellten sich die Frage, ob so jemand Kanzler werden könne. Gut möglich, dass ohne dieses Bild der Wahlkampf ganz anders gelaufen wäre.

Und auch ich musste als grüne Pressereferentin immer wieder einräumen, dass selbst die beste Vorbereitung und Planung kein Garant gegen Fettnäpfchen ist. So zum Beispiel im Bundestagswahlkampf 2013 als unser damaliger Spitzenkandidat Jürgen Trittin den Einstieg in ein Kanu verpasste und im wahrsten Sinne des Wortes baden ging. Am nächsten Tag war das Foto auf der Titelseite der Bild-Zeitung. Ich verrate nicht zu viel, wenn ich zugebe, dass wir uns von dem Termin ein etwas anderes Medienecho erhofft hatten. Doch das sind Situationen, in denen der Lauf der Dinge dann einfach jeden PR-Planungsstab in den Schatten stellt.

Und selbst einem absoluten Medienprofi wie der Queen, bei der in der Regel jeder Auftritt perfekt durchorchestriert war, passierte mal ein Fauxpas. Beim Besuch einer bedeutenden Moschee in Abu-Dhabi wurde die Welt Zeuge, dass auch eine Königin von England nicht vor Löchern in den Socken gefeit ist. Für die Boulevardpresse unvorstellbar. Für mich nur absolut verständlich. Denn niemand kann vierundzwanzig Stunden täglich perfekt sein – weder Mensch noch Tier und auch nicht die Queen.

Aber klar, die Regel für jeden Politik-Fotografen ist auch: Will man einen Schnappschuss von einem Big-Five-Politiker ergattern, sollte man sich eher im flächenmäßig überschaubaren Berlin-Mitte als im weitläufigen Brandenburg aufhalten. Dort wo sich mehr Politik-Prominenz auf engerem Raum tummelt, erhöht sich die Wahrscheinlichkeit, ein gutes Foto zu schießen.

Jetzt ist es natürlich absurd, das Okavango-Delta mit Brandenburg zu vergleichen. Aber Fakt ist, dass der Nationalpark sich durch seine Weitläufigkeit auszeichnet. Das ist zwar gut für die Tiere, aber schlecht für wissbegierige und fotohungrige Rangerschüler. Gerade jetzt, wo hier Wasserknappheit herrscht, ziehen die Tiere weiter rein ins Binnendelta, an die Stellen, wo sie noch Wasser finden können. Doch eine Rangerausbildung ohne Big Five wäre wie eine Feuerwehrausbildung ohne Brand.

John scheint mir meine Zweifel anzusehen und versucht mich aufzumuntern: »So ist das mit Wildtierbeobachtungen. Hab Geduld, wir haben noch viel Zeit.«

Viel Zeit? Skeptisch runzle ich die Stirn und greife mir eine Packung Kekse. Sue hält eine Thermoskanne in der Hand, füllt heißen Tee in unsere Tassen. Das gehört zu unserer Morgenroutine. Denn sobald die Sonne den Durchbruch durch die Nebeldecke geschafft hat, feiern wir sie dafür mit einem zweiten Frühstück. Dann parken wir den Jeep an einem besonders einladend wirkenden Ort und versammeln uns im Halbkreis um die Motorhaube, wo der Guide des jeweiligen Tages das Frühstück aus Keksen, Nüssen und Tee zubereitet.

Heute ist Sue unsere Gruppenführerin und somit »Gastgeberin«. Ihren Job macht die US-Amerikanerin bisher ganz gut, und das, obwohl sie nicht ernsthaft vorhat, Rangerin zu werden. Schon von Anfang an, als die junge rothaarige Frau mit Rollkoffer und Kosmetiktasche zu unserer Rangergruppe dazustieß, fiel auf, dass sie anders war. Der Eyeliner unter den Augen wirkte genauso fehl am Platz wie der Laptop, den sie unter dem Arm trug. Schnell erfuhren wir, dass Sue eine Sonderrolle einnehmen würde. Als Journalistin würde sie zwei Wochen gemeinsam mit uns die Rangerausbildung durchlaufen, um am Ende darüber eine Story für ein amerikanisches Outdoor-Magazin zu schreiben.

Unserer anfänglichen Skepsis begegnete sie mit großer Aufgeschlossenheit, mit ihrer humorvollen und warmherzigen Art räumte sie alle Vorbehalte aus dem Weg. Und auch das Make-up im Gesicht wurde von Tag zu Tag weniger. Vom Eyeliner ist heute nichts mehr zu sehen, ihre Rolle als Safari-Guide füllt Sue dafür umso mehr aus.

Das Auto hat sie direkt am Rande einer weiten, recht trockenen Grasfläche geparkt, ein Platz mit guter Sicht. In weiter Entfernung laufen zwei Strauße mit halsbrecherischer Geschwindigkeit durch das hohe Gras. Während sich John und Daniel wieder einmal um die letzte Packung Erdnüsse kabbeln, stoßen wir anderen mit dampfendem Tee auf unsere erste Woche an. Wahnsinn, wie wir als Gruppe in kürzester Zeit so eng zusammengewachsen sind.

Wir sind unterschiedlichen Alters, kommen aus allen Himmelsrichtungen, haben verschiedenste Interessen und doch verbindet uns die Liebe zur Natur und die Liebe zum Moment, den wir hier gemeinsam genießen. Von Sonnenaufgang bis Sonnenuntergang verbringen wir Zeit zusammen, im Camp, im Jeep, am Lagerfeuer. Das gibt viel Raum für gute Gespräche, ehrlichen Austausch und lustige Momente. Ein Programm, das zusammenschweißt.

»Cheers!«, ruft Sue und hebt ihre Tasse, wir anderen tun es ihr gleich, sogar John und Daniel vergessen für einen kurzen Moment ihren Kampf um die Erdnuss.

Doch bei all der Freude über die schöne Zeit beschleicht mich immer wieder ein diffuses Gefühl der Unruhe. Nach wie vor gelingt es mir nicht, mein ungeduldiges Ich abzuschütteln. Zu groß ist die Sorge, dass wir am Ende kein einziges Big-Five-Tier sehen werden. Dabei ist es nicht nur die Größe, die mich an diesen Tieren fasziniert. Es ist auch ihre Bedeutung für das Habitat, ja für die gesamte Natur.

Die Big Five gestalten maßgeblich ihre Umwelt mit. Ohne sie hätte die afrikanische Savanne vermutlich ein ganz anderes Gesicht. Zum Beispiel die Löwen, es liegt unter anderem an ihnen, die Zahl der Antilopen, Zebras und anderen Beutetiere zu regulieren. Gäbe es zu viele pflanzenfressende Tiere, wäre das weder gut für Pflanzen, Gräser, Bäume noch für den Boden. Kein Wunder also, dass der Löwe oft als »König der Tiere« bezeichnet wird. Schließlich sorgt er dafür, dass das ökologische Gleichgewicht im Lot bleibt.

Absolute Gestaltungschampions sind allerdings nicht die Löwen, sondern die Elefanten. Mit ihrem gigantischen Körper zimmern sie sich Wege durchs Dickicht, zertrampeln kleine Büsche, entwurzeln Bäume. Immer wieder kommt es vor, dass Elefanten bei der Nahrungssuche die Rinde von Bäumen ablösen oder die Stämme beschädigen. Für die betroffenen Bäume ist das ein Problem; sie werden anfälliger für Insekten und sind weniger feuerresistent, was ihre Überlebenschance erheblich verringert. Doch für die Natur ist das Teil des Spiels, schließlich entsteht so Platz für neue Bäume.

Und auch am Aussäen von neuen Pflanzen sind Elefanten maßgeblich beteiligt. Ihr Kot ist eine echte Samenbombe! Kein Wunder, bei der Masse an Pflanzen, die sie täglich in sich hineinschaufeln. Bis zu einhundertfünfzig Kilogramm isst ein Elefant pro Tag. Und sind die Pflanzenreste und Samen erst einmal im Verdauungstrakt, trägt der Elefant sie kilometerweit durch die Wildnis, bevor er sie wieder ausscheidet. Der Elefant fungiert quasi als Gärtner, der Pflanzenarten quer in der Wildnis verteilt, über Landesgrenzen hinweg. Und sollte es mal kein Wasser geben, legt er selbst Hand – ähm, pardon Rüssel – an und gräbt sich Wasserlöcher. Natürlich nicht, um die Pflanzen zu gießen, so weit reicht die Liebe zum Gärtnern dann doch nicht, sondern um den eigenen Durst zu stillen. Von diesem Wasser profitieren dann schlussendlich nicht nur sie, sondern auch viele andere Tiere wie Antilopen, Zebras oder Büffel, die ohne das Wasser vermutlich nicht überleben würden. Damit legt der Elefant den Grundstein für seine Umgebung, für andere Tiere, für Pflanzen und Boden.

Kaum merklich entfährt mir ein leichtes Seufzen, als sich mir wieder eine Parallele zwischen afrikanischer Wildnis und politischem Berlin aufdrängt. Schließlich sind es auch vor allem die Big-Five-Politiker, die die politische Landschaft gestalten. Je höher Politiker in der Hierarchie stehen, umso mehr Macht haben sie und können auf die politische Marschroute des Landes und der eigenen Partei Einfluss nehmen. König des Politik-Dschungels ist zweifellos die Bundeskanzlerin oder der Bundeskanzler. Was sie beziehungsweise er sagt, wird umgesetzt. Das geschieht meist in enger Abstimmung mit den Ministerpräsidenten in den Bundesländern und den eigenen Ministern.

So wurde besonders in der Corona-Pandemie deutlich, dass es die Politik-Promis sind, die die Leitplanken des Landes abstecken. Die Regierungschefs aus Bund und Ländern haben ihren Weg durch das unbekannte Pandemie-Dickicht geschlagen und versucht, der Bevölkerung einen Weg zu ebnen. Gleichzeitig gab es immer wieder Stellen, wo sie den

Bürgern Grenzen gesetzt und Blockaden aufgebaut haben. Stichwort: Touristisches Beherbergungsverbot. Einreisesperren. Kontaktbeschränkungen. Ihr Handeln und ihre Entscheidungen hatten maßgeblich Einfluss auf das gesamte Ökosystem »Bundesrepublik Deutschland« – auf über achtzig Millionen Menschen, auf jede einzelne Familie, auf jedes einzelne Schicksal.

Und nicht nur während der Corona-Pandemie. Auch mit Blick auf die Energie- und Gaskrise hat sich gezeigt, wie weit politische Entscheidungen in das Leben jedes Bürgers hineinreichen. Der Krieg in der Ukraine ließ die Preise explodieren, viele Menschen ächzten unter den steigenden Kosten. Die Bundesregierung versuchte dies abzufedern, mit Entlastungspaketen, 9-Euro-Ticket, Tankrabatt.

Das verdeutlicht einmal mehr, wie groß der Gestaltungsspielraum der Top-Politiker ist – gerade in Krisenzeiten. Was in der Wildnis die Big Five sind, sind in der Berliner Politik Regierungsmitglieder und Parteichefs. Sie sind die Gestaltungschampions auf politischem Terrain. Und somit ist es vermutlich kein Zufall, dass TV-Debatten mit Top-Politikern im Rahmen einer Wahl »Elefantenrunde« genannt werden.

»Maria, ist deine Tasse leer?«, Sue holt mich zurück ins Hier und Jetzt.

Während meine Gedanken irgendwo zwischen Botswana und Deutschland herumgeisterten, haben die anderen alle Kekse und Erdnüsse verputzt und sind startklar für den zweiten Teil der Safari am heutigen Vormittag. Hastig exe ich den Tee, der mittlerweile kalt geworden ist, und reiche Sue meinen leeren Becher.

Ich springe in den Jeep, sichere mir einen Platz in der ersten Reihe, direkt hinter Sue und John. Puh, Wärme steigt in mir hoch, ich nehme die Mütze ab. Das zweite Frühstück hat gutgetan. Sue schmeißt den Motor an und setzt den Jeep in Bewegung.

Die weite Grasfläche lassen wir nun hinter uns und fahren in einen Mopane-Wald. Links und rechts von der Straße stehen etwa drei Meter hohe Mopane-Bäume, dicht an dicht. Die Sandstraße, die sich durch den Wald schlängelt, ist übersät mit Schlaglöchern. Doch dafür, dass es Sues erste Fahrt mit einem Geländewagen ist, meistert sie das hervorragend. Die Anzahl der Schlaglöcher, die sie mitnimmt, ist überschaubar. Mein Rücken dankt es ihr.

Ihre Wissenslücken mit Blick auf die Flora und Fauna Botswanas kompensiert Sue mit allerhand unterhaltsamen Anekdoten aus ihrem Leben. Sie ist viel herumgekommen, hat alle Kontinente dieser Welt bereist, unzählige interessante Menschen getroffen und spannende Geschichten erlebt. Unsere Safari entwickelt sich mehr und mehr zu einer unterhaltsamen Entertainment-Show, wir kommen aus dem Kichern nicht mehr raus.

Während wir mit Schrittgeschwindigkeit über die Straße juckeln, scheint sich Sue an ihre Rangerrolle zu erinnern und kratzt all ihr Wissen über die Mopane-Bäume zusammen.

»Schaut auf die Blätter der Bäume, sie sehen aus wie die Flügel von Schmetterlingen. Meistens sind sie geöffnet, nur bei starker Hitze ziehen sie sich zusammen«, erklärt sie mit leicht aufgeregter Stimme, fast als wundere sie sich selbst darüber, dass sie heute eine Safarigruppe leitet.

Gerade als sie weiter ausholen will, legt John seine Hand auf ihren Arm: »Halt mal an, Sue«, flüstert er ihr zu.

Sie befolgt seinen Rat und stoppt das Auto.

Nun dreht sich John zu mir um: »Das nennt sich selbsterfüllende Prophezeiung. Hier hast du einen Teil deiner Big Five, Maria.«

Aufgeregt blicke ich mich um, mein Herz schlägt bis zum Hals. Was meint John? Was für ein Tier werden wir gleich sehen? Ich bin nervös und mein ganzer Körper kribbelt schon wieder.

Plötzlich nehme ich eine Bewegung wahr, mitten im Wald, keine fünfzig Meter von unserem Jeep entfernt. Ich brauche nur einen Bruchteil einer Sekunde, um zu erkennen, dass es sich um eine Elefantenherde handelt. Zu sehen sind mehrere graue Rücken, hin und wieder taucht auch ein Rüssel über den Baumkronen auf. Der Rest der massiven Körper verschwindet hinter Bäumen und Sträuchern.

Sue stellt den Motor ab, jetzt hören wir das Knacken der Äste, die die Elefanten abbrechen, auf der Suche nach frischen Blättern und nahrhafter Rinde. Mucksmäuschenstill sitzen wir im Jeep und lauschen gespannt den Geräuschen der Herde, die langsam immer näherkommt.

»Was auch immer gleich passieren wird, bleibt ruhig, keine hektischen Bewegungen, kein Rufen oder Lachen. Gerne könnt ihr Fotos machen, aber stellt Ton und Blitz aus. Das kann die Elefanten aufschrecken«, flüstert John uns noch schnell die letzten Verhaltensregeln zu.

Gerade in dem Moment, als er seinen Satz beendet, tritt ein großes, majestätisch wirkendes Tier aus dem Wald und direkt auf die Straße, keine fünfzehn Meter von uns entfernt. Der Elefant bleibt stehen, hebt seinen Rüssel, stellt die Ohren auf. Fragend schauen wir zu John, der uns mit einer Daumen-hoch-Geste signalisiert, dass wir die Situation unter Kontrolle haben.

Tom, der Jüngste aus unserer Gruppe, wispert ängstlich: »Ich will hier weg, John. Das ist megagefährlich.«

Erst gestern Abend am Lagerfeuer hatte er uns erzählt, dass er in seinem Heimatland Kenia schon mehrere brenzlige Situationen mit Elefanten erlebt hat. Seine Angst ist also durchaus verständlich. Und zugegeben, leicht aufgeregt bin ich auch, doch gleichzeitig fasziniert mich die Schönheit des Tieres, so groß, so anmutig. Und ich vertraue John, glaube ihm, dass er weiß, was er tut.

»Entspann dich«, flüstert er Tom zu. »Das ist das normale Beschnuppern der Leitkuh. Sie checkt aus, ob wir eine Gefahr für ihre Herde darstellen.«

Ich erinnere mich, gelesen zu haben, dass dieses Verhalten ganz typisch für eine Herdenanführerin ist. Sie übernimmt als erfahrenste Lady die Verantwortung für die ganze Gruppe, die aus weiteren Elefantenmamas und deren Nachwuchs besteht. Elefantenbullen werden nach der Pubertät ausgeschlossen. Wenn die Leitkuh den Weg freimacht, folgt ihr auch der Rest der Herde, so zumindest die Theorie. Nach knapp einer Minute, die sich wie eine Ewigkeit anfühlt, scheinen wir ihren Test bestanden zu haben. Die Elefantenlady wendet sich von uns ab, überquert die Straße und trottet auf der anderen Seite wieder in den Wald hinein.

Wahnsinn! Was für eine Erfahrung. Erst jetzt merke ich, wie mein ganzer Körper unter Anspannung steht, der Adrenalinspiegel ist quasi explodiert und verwandelt sich nun in ein überschwängliches Glücksgefühl. Was für zauberhafte Tiere.

Die Magie des Augenblicks hat mich voll erwischt. So sehr, dass ich vergessen habe, ein Foto von der großen Elefantenkuh zu machen. Ich verdrehe die Augen. Steht ein Elefant nur wenige Meter von mir entfernt, zieht er mich so in den Bann, dass ich alles um mich herum vergesse. Wahrscheinlich bin ich die schlechteste Rangerin auf der Welt.

»Schaut mal, nun traut sich auch der Rest der Herde«, raunt uns John zu.

Tatsache, ein Elefant nach dem anderen wagt sich aus dem Wald hervor und überquert langsam die Straße. Viele von ihnen sind kleiner als die Anführerin.

»Sie folgen der Big Mama«, kommentiert John die Szene mit ruhiger Stimme.

Wir sind von nun an stille, unbeteiligte Beobachter. Zwar halten die Elefanten Abstand zu unserem Jeep, doch schenken sie uns sonst keinerlei Aufmerksamkeit. Sie scheinen alle der Leitkuh blind zu vertrauen. Oder zumindest fast alle …

Plötzlich kommt eine zweite Big Mama aus dem Mopane-Wald. Sie sieht der ersten Elefantenlady von Größe und

Statur ähnlich, nur ihre Haut ist heller, ihre Stoßzähne etwas kleiner. Im Gegensatz zu ihren Vorgängern geht sie nicht einfach an uns vorbei. Im Gegenteil, sie nimmt uns mindestens genauso prüfend in den Blick wie vor wenigen Minuten noch die Anführerin. Langsam hebt sie ihren Rüssel in die Luft. Warum sie das macht, wird schnell klar. Hinter ihr schiebt sich ein kleines, etwa eineinhalb Meter großes Elefantenbaby an ihr vorbei. Die Mama hat Angst um ihr Kind und sichert sich lieber doppelt ab.

»Yes«, innerlich mache ich einen Luftsprung, trotz aller Ranger-Coolness, zücke meine Kamera und starte das Fotoshooting von Elefantenmama mit ihrem Baby. Big-Five-Fotos sind eben doch unschlagbar.

Häufig unterschätzt:
die zweite Reihe

Eins von fünf! Das Feuer ist wieder voll in mir entfacht, ich bin in einer Art Big-Five-Fieber. Das Gefühl, wenn man einer Elefantenmama direkt gegenübersteht, ihr in die Augen schaut, nur wenige Meter von ihren gigantischen Stoßzähnen entfernt, ist einfach unbeschreiblich.

Mehrere Tage sind nun seit unserer ersten Begegnung mit der Elefantenherde ins Land gezogen. Und auch wenn es verrückt klingen mag, aber die Begegnung war nur der Auftakt eines regelrechten Elefanten-Festivals. Kein Tag ist seitdem vergangen, an dem uns nicht ein Elefant vor die Linse gelaufen ist. Ausgewachsene alleinlebende Elefantenbullen, riesige Herden mit Babys, Big Mamas beim Sandbaden und pubertierende, halbstarke junge Bullen, die sich deutlich mehr behaupten müssen als ihre Mütter oder Schwestern.

Für mich ist jedes Treffen mit einem Elefanten immer wieder ein Highlight. Mittlerweile rutsche ich jedoch nicht mehr unruhig hin und her, sobald uns ein Elefant ins Visier nimmt, sondern weiß, wie sie ticken, was ihre Komfortzone ist und wo diese endet. Wir lernen, die Signale der Elefanten zu deuten: Schauen sie uns an und heben ihren Rüssel, ist das keine Drohkulisse, sondern vielmehr ein freundliches Abchecken. Kritischer wird es, wenn sie den Kopf von links nach rechts werfen, Staub aufstampfen und ihren Körper nach vorne schieben, so als würden sie angreifen wollen. Bei solchen Warnsignalen ist jeder Ranger gut beraten, mit seiner Safarigruppe langsam und ruhig den Rückzug anzutreten und dem Elefanten seinen Raum zu lassen.

Gerade das ist für mich der spannende Teil dieser Ausbildung. In Deutschland wurde ich dazu erzogen, wilde Tiere grundsätzlich als Gefahr einzustufen, doch hier wird mir bewusst, dass das so pauschal nicht stimmt. Pflanzenfressende Elefanten haben biologisch gesehen überhaupt kein Interesse an uns Menschen, und selbst bei den Raubkatzen steht der Mensch nicht ganz oben auf der Speisekarte. Im Gegenteil: Durch Wilderei haben viele Tiere schlechte Erfahrungen gemacht und sind erst einmal vorsichtig gegenüber Zweibeinern. Gefährlich werden sie erst dann, wenn man sich nicht an ihre Regeln hält und sie bedrängt. Lässt man ihnen ihre Komfortzone, gelingt auch die friedliche animalisch-menschliche Koexistenz. Ein respektvolles Miteinander mit Abstand, danach geht jeder seiner Wege, so würde ich die Rezeptur für eine gute Safaritour beschreiben.

Doch auch wenn Elefanten nun sehr präsent sind, halten sich die anderen »Großen Vier« weiterhin bedeckt – die

Löwen, Leoparden, Büffel und Nashörner. Von ihnen gibt es weit und breit immer noch keine Spur.

Oder: Halt, das ist so nicht richtig! Vor einigen Tagen entdeckten wir die Spur eines Nashorns, schon mehrere Tage alt, die Umrisse waren nur noch schwer zu erkennen. Es handelte sich zwar nur um einen einsamen Abdruck, der größtenteils schon vom Wind verweht war, dennoch führte er bei John zu einer Art glückselig aufgeregten Ekstase.

»Wenn wir hier ein Nashorn sehen, wäre das ein absoluter Glücksfall«, erklärte er uns den Hintergrund seiner Begeisterung. »Es gibt nur noch etwa fünfhundert Nashörner in ganz Botswana. Grund dafür sind die Wilderer, die seit Jahrzehnten und ganz besonders in den letzten Jahren Jagd auf die Tiere und ihre Hörner machen.«

Denn so skrupellos die Ausbeutung der Natur ist, ist sie für Wilderer leider nach wie vor eine Goldgrube. Besonders auf dem asiatischen Markt sind die Hörner begehrt, wo sie als Heilmittel oder als Trophäe gehandelt werden. Mehrere zehntausend Euro gibt es pro Kilogramm auf dem Schwarzmarkt. Das hat zur Folge, dass trotz strenger Gesetze und Strafen in Botswana die Wilderei weiter floriert. Schätzungen zufolge wurden allein in den vergangenen Jahren bis zu fünfzig Nashörner pro Jahr getötet, das sind zehn Prozent des Gesamtbestands. Wie es um die Art steht, wenn sich die Entwicklung fortsetzt, mag ich mir nicht ausmalen.

Bei Johns Nashorn-Erzählungen setzte sich ein dicker Kloß in meinem Hals fest. Ich hatte zwar schon oft davon gehört und sogar schon Pressemitteilungen zum Nashorn-

Sterben geschrieben, aber wenn man mit beiden Füßen direkt neben einer Nashornspur steht und realisiert, dass dieses Tier in einigen Jahrzehnten womöglich nicht mehr in der freien Wildbahn existiert, bekommt der nüchterne Pressetext plötzlich eine ganz andere, viel emotionalere Dimension.

Zu gerne hätte ich die Gelegenheit genutzt, das Nashorn live und in Farbe zu sehen. Doch wie zu erwarten, ist das Tier unauffindbar und fügt sich damit hervorragend in das Ausbleiben der Big-Four-Tiere während meiner bisherigen Zeit hier ein.

Doch mit jedem Tag, der ohne Nashörner, Löwen, Leoparden oder Büffel vergeht, wächst meine Begeisterung für die zweite Reihe: Zebras, Antilopen, Warzenschweine. Das sind die Top drei auf unserer Tier-Beobachtungsliste, nahezu tagtäglich schmücken sie unsere Safaritouren. Und ich muss zugeben, den Unterhaltungsfaktor eines Warzenschweins, das mit steil in die Luft ragendem Schwanz durch die Landschaft tippelt, bislang unterschätzt zu haben.

Trotzdem stehen heute nicht die Warzenschweine auf unserem Safariplan, sondern die Affen. Ganz konkret habe ich mir zum Ziel meiner Safari gesetzt, dass wir Paviane zu Gesicht bekommen. Ja, richtig: meiner Safari. Denn heute habe ich meine Ranger-Jungfernfahrt. Zum ersten Mal darf ich die Gruppe leiten und mir eine Strecke für unsere Tour überlegen.

Bereits am Vorabend habe ich mit John besprochen, wo wir Paviane finden könnten und die Route gedanklich abgesteckt. Knapp eine Dreiviertelstunde Fahrt brauchen wir schätzungsweise bis zur »Pavian-Insel«, wie John sie nennt. Wie schnell wir vorankommen, ist jedoch abhängig von den Tieren, die unseren Weg zur Pavian-Insel kreuzen werden. So ist das als Ranger, einen groben Plan sollte man haben, zu viel planen aber nicht. Für mich eine kleine Herausforderung, schließlich bin ich es gewohnt, meine Auftritte und Präsentationen so gut es geht vorzubereiten. Doch mein ungeduldiges Ich hält sich zurück, es scheint so langsam vor den Gepflogenheiten der Wildnis zu kapitulieren und sie zu akzeptieren.

Ich stehe vor einer DIN-A3 großen Karte unseres Safarigebiets und erkläre den anderen meinen Schlachtplan: einmal durch den Mopane-Wald, über die weite Graslandschaft hin zur Pavian-Insel. Alle sind begeistert, immerhin wäre es heute Premiere, wenn wir Paviane zu Gesicht bekämen. Motiviert springen wir in den Jeep. Kurz bevor ich den Motor anwerfe, drehe ich mich zu meinen Gästen um. Was jetzt folgt, ist das gut gepaukte Sicherheitsbriefing.

»Herzlich willkommen zu unserer heutigen Safaritour«, begrüße ich die Gruppe noch mal ganz offiziell und erkundige mich nach ihrem Wohlergehen. Danach kommen die unmissverständlichen Instruktionen: Während der Fahrt sitzen bleiben, Arme und Beine im Auto lassen, keine lauten Rufe, kein Gelächter, leise Unterhaltungen sind okay.

Meine Rangerkollegen spielen ihre Touristenrolle hervorragend, schauen mich mit großen Augen an und nicken fleißig, als wären sie das erste Mal auf Safaritour.

»Und zu guter Letzt: Denkt daran, euch vor der Sonne zu schützen. Setzt euch einen Hut auf, cremt euch mit Sonnencreme ein, sonst könnte es heute Nachmittag ungemütlich werden«, beende ich meinen Vortrag.

Puh, die erste Hürde als Safari-Guide habe ich damit genommen, die Gäste sind begrüßt und eingeordnet. Aufgeregt und mit schwitzenden Händen drehe ich den Zündschlüssel um, starte den Jeep. Der Motor brummt auf, ich lege den Rückwärtsgang ein und wende den großen Geländewagen.

Für mich ist das absolutes Neuland. Nicht nur, dass ich noch nie eine Safari geleitet habe, sondern auch, dass ich das erste Mal in meinem Leben einen Jeep fahre. Während ich langsam den Weg entlangtuckere, weht ein kalter Wind durch mein Haar, lässt die einzelnen Strähnen tanzen. Jetzt fühle ich mich wie eine echte Rangerin. Ein wahnsinnig schönes Gefühl. So frei. So unabhängig.

Gedankenverloren steuere ich den Wagen die Straße entlang, aus der Bauminsel heraus, in der unser Camp liegt. Wir stoßen auf eine kleine Lichtung, die mit Nebel bedeckt ist. Es ist kurz vor 7 Uhr, ein neuer Tag im Okavango-Delta beginnt. Die Sonne geht gerade erst auf, ihre Strahlen haben noch nicht genug Kraft, um uns zu wärmen. Stattdessen ist es die Kälte, die in unseren Jeep kriecht und sich um unsere müden Körper wickelt.

Eine Handvoll Antilopen tasten sich langsam aus dem Dickicht hervor, setzen behutsam ihre filigranen, langen Beine auf den trockenen Grasteppich, den Kopf gesenkt, auf der Suche nach etwas Nahrhaftem. Ich drehe mich zu den anderen um und richte meinen Zeigefinger auf die Herde, stolz wie Bolle, dass ich tatsächlich »meinen« Gästen Tiere präsentieren kann, auch wenn Antilopen hier ja eher keinen Seltenheitswert haben.

Schnell krame ich in meinem Gedächtnis, was ich über die Tiere weiß: Sie leben im Harem, sind territorial und stehen auf der Speisekarte der Raubtiere ganz weit oben.

Noch bevor ich all mein Wissen an meine Safarigäste weitergeben kann, setzt John ein: »Nur Anfänger starren auf die Big Five, wer die Wildnis verstehen will, muss die zweite Reihe im Blick haben«, sagt er und deutet mit einem Kopfnicken auf die friedlich grasenden Antilopen. »In der Nacht sind sie im Gestrüpp untergetaucht, dort ist es wärmer, aber auch sicherer. Sie haben zwar gute Augen, aber im Dunkeln sehen ihre Feinde wie beispielweise die Löwen einfach besser. Sobald die Sonne aufgeht, fühlen sie sich sicherer und verlassen ihr Versteck, auf der Suche nach mehr Futter.«

Interessant! Schießt es mir durch den Kopf. Sie warten ab, bis ihre Zeit gekommen ist und sie sich in größerer Sicherheit wiegen. Für einen kurzen Moment vergesse ich meine Rolle als Rangerin und drifte wieder ab in die Politikwelt. Denn auch hier gilt es manchmal, genau den richtigen Zeitpunkt abzupassen, um das politische Dickicht zu verlassen.

Beispielsweise bei der Vergabe von Spitzenämtern: Wer sich zu früh aus der Deckung traut, läuft Gefahr, den Posten am Ende nicht zu bekommen. Das ist quasi ein ungeschriebenes Gesetz in der Politik. Annegret Kramp-Karrenbauer kann davon ein Lied singen. Sie wurde von Angela Merkel rechtzeitig als Nachfolgerin für das Kanzleramt auserkoren und sollte für diesen Job aufgebaut werden. Allerdings gelang es ihr nicht, sich im Politik-Dschungel zu behaupten. Von ihren Gegnern wurde sie hart attackiert, den Schritt in das Kanzleramt schaffte sie nie. Anders lief es bei Ursula von der Leyen, die anfangs in Brüssel im Gerangel um den Job des EU-Kommissionspräsidenten niemand auf dem Zettel hatte. Doch dann wurde ihr Hut zur richtigen Zeit in den Ring geworfen und sie zog an all ihren Kontrahenten vorbei, die zwar frühzeitig Interesse bekundet hatten, aber in den unzähligen Verhandlungsrunden zwischen den politischen Akteuren zerrieben wurden. Ursula von der Leyen hat offenbar zu genau der richtigen Zeit das Dickicht verlassen und wurde am Ende Präsidentin der EU-Kommission. Ein Hoch auf die Antilopentaktik.

Unweit von den Antilopen schieben sich nun mehrere Zebras aus der Nebelwand hervor. Auch sie sind gerade dabei, ihren Start in den Tag mit einem Frühstück – einer ordentlichen Portion Gras – zu zelebrieren. Ich bin erleichtert, dass wir heute auf meiner Safari auch Zebras treffen, darauf hatte ich ein wenig spekuliert und mich mit Fun Facts gewappnet. Wieder drehe ich mich zu meiner Gruppe um, beginne zu reden, bevor John mir zuvorkommen kann.

»Charakteristisch für Zebras ist ihre einzigartige Musterung, die schwarz-weißen Streifen. Beeindruckend ist, dass jedes Tier ein anderes, individuelles Muster hat, es ist quasi wie ein Fingerabdruck beim Menschen.«

Die Gruppe blickt mich belustigt an, niemand von ihnen scheint dran geglaubt zu haben, dass ich die Aufgabe der Safarileitung so ernst nehme. Schließlich hatte ich mich – ähnlich wie Sue – in den vergangenen Tagen nicht besonders damit hervorgetan, strebsam und ehrgeizig auf eine Rangerkarriere hin zu arbeiten, sondern bin eher als Trommlerin und Entertainerin am Lagerfeuer aufgefallen.

Für mich Ansporn genug, meine Kollegen vom Gegenteil zu überzeugen: »Warum sie dieses Muster haben, ist nicht zu hundert Prozent klar, es gibt verschiedene Erklärungen. Eine Theorie ist, dass sie dadurch angreifende Raubtiere verwirren können und so ihr Leben retten.«

John lässt mich ausreden, nickt mir anerkennend zu und ergänzt: »Zebras sind zudem Meister der Verteidigung. Sie sind sehr wachsam und halten als Gruppe zusammen, da sie so besser vor Feinden geschützt sind. Wenn Löwen dann doch eine Zebraherde angreifen, gibt es eine klare Ordnung: Das Männchen läuft an hinterster Stelle und verpasst dem Löwen ein paar für ihn schmerzhafte Fußtritte. Ein solcher Kick eines Zebras kann einen Löwen schon mal ins Straucheln bringen.«

Die Vorstellung, wie ein Zebra dem Löwen einen mitgibt, erheitert meine Gruppe, irgendwie erinnert es ein wenig an David gegen Goliath. Und das Zebra ist noch lange kein Einzelfall. Gemeinsam überlegen wir, wo es im Tierreich noch weitere David-Goliath-Geschichten gibt.

Schnell sind wir beim Warzenschwein, das ebenfalls ordentlich austeilen kann. Im Falle eines Angriffs geht es meistens in den Fluchtmodus und kann trotz seines einhundert Kilo schweren Körpers mit fünfzig Kilometer pro Stunde davonpreschen. Doch wenn das nicht reicht und es sich in die Enge getrieben fühlt – oder schlimmer noch der eigene Nachwuchs bedroht wird –, kommen die langen Eckzähne zum Einsatz. Dann ist es vorbei mit Hakuna Matata, wie das gemütliche Warzenschwein Pumba in Disneys »König der Löwen« immer gesungen hat. Stattdessen geht es ans Eingemachte, und zwar nicht nur für das Warzenschwein, sondern auch für das Raubtier.

Und auch vor dem Stachelschwein sollten sich Raubtiere in Acht nehmen. Wird es angegriffen, geht es direkt in den Gegenangriff über und rammt seine aufgestellten Stacheln in den Körper des Gegners. Die Stacheln bleiben dort stecken und können am Ende zu schweren Verletzungen und in einigen Fällen sogar zum Tod führen.

»Das zeigt ja nur einmal mehr, dass man die zweite Reihe nicht unterschätzen soll«, werfe ich belustigt in die Runde und ergänze: »Das gilt übrigens nicht nur für die Savanne, sondern auch für die Politik.«

Damit habe ich die Lacher auf meiner Seite, zufrieden drehe ich mich wieder zum Lenkrad und starte den Motor, der Weg zur Pavian-Insel ist noch weit. Während der Jeep langsam Fahrt aufnimmt, reflektiere ich noch einmal unser Gespräch, denke darüber nach, wie auch Spitzenpolitiker immer mal wieder von der zweiten Reihe, also von einfachen Abgeordneten und Parteimitgliedern, angestachelt, in eine bestimmte Richtung getrieben oder manchmal sogar zu Fall gebracht werden.

Zwangsläufig erinnere ich mich an die Hängepartien vergangener SPD-Parteivorsitzender. Ob Sigmar Gabriel, Andrea Nahles oder Martin Schulz – sie alle bekamen den Frust und Unmut der Parteimitglieder und Funktionäre am eigenen Leib zu spüren und warfen am Ende den Job hin. Und selbst Olaf Scholz wäre an den Genossen aus der eigenen Partei fast gescheitert. Beim Mitgliederentscheid der SPD ist er gnadenlos von der Parteibasis abgestraft worden. Alles deutete auf das Ende seiner politischen Karriere hin. Doch Olaf Scholz entschied sich, die Stachel, die in seinem Fleisch steckten, zu ignorieren und weiterzukämpfen. Mit Erfolg. Bei der Bundestagswahl keine zwei Jahre später führte er die SPD in den Wahlkampf, holte für die Sozialdemokraten Platz eins und zog ins Kanzleramt ein.

Und selbst Angela Merkel musste mitunter vor der zweiten Reihe kapitulieren. Als die Flüchtlingspolitik sich 2015 immer mehr zuspitzte, setzte sie mit ihrem »Wir-schaffen-das«-Versprechen auf einen eher humanitären Kurs. Viele ihrer Parteikollegen bevorzugten allerdings den Kurs der Abschottung und setzten die damalige Bundeskanzlerin massiv unter Druck. Angela Merkel blieb nichts anderes übrig, als umzuschwenken und ihren flüchtlingspolitischen Kurs zu ändern – zugunsten der zweiten Reihe.

»Achtung, Schlagloch!«, ruft John. Schnell schlage ich das Lenkrad um, weiche dem knietiefen Loch in letzter Sekunde aus. Ein Aufatmen geht durch den Jeep, dankbar, dass ich das Kamikaze-Manöver gerade noch verhindern konnte. Vermutlich hatten sich meine Safarigäste insgeheim schon auf einen herben Stoß vorbereitet.

Ich schüttele mich kurz. Konzentriere dich, Maria, ermahne ich mich selbst. Bisher lief meine Fahrt schließlich ganz gut: ein paar Tiere, wenig Schlaglöcher, gute Stimmung. Darauf sollte ich aufbauen …

Die nächste halbe Stunde fahren wir gemächlich dahin, sehen ein paar Vögel und Antilopen. Die restlichen Tiere scheinen heute kein Interesse an uns zu haben. Ich merke, wie die Stimmung im Jeep etwas abflaut. Ein Blick in den Rückspiegel verrät mir, dass Sue schon die Augen geschlossen hat, auch andere kämpfen mit der Müdigkeit. Ich weiß, nun ist es meine Aufgabe, die Gäste zu unterhalten und für die Natur zu begeistern, selbst wenn wir keine Tiere sehen.

Gerade als ich mir überlege, was ich der Gruppe alles über die Vegetation des Okavango-Deltas erzählen kann, sehe ich, wie sich unweit von uns etwas Großes im Baum bewegt. Meterlange Beine, langer Hals, geflecktes Fell: eine Giraffe, die gerade genüsslich an der Baumkrone knabbert! Sue quiekt vor Freude, offenbar ist sie wieder wach.

»Schaut euch mal an, wie sie isst«, raune ich den anderen zu, während die Giraffe ihre Zunge um den Ast schlingt. »Die Zunge der Giraffe ist vierzig Zentimeter lang und superbeweglich. Es ist ihr wichtigstes Werkzeug, um sich achtzig Kilogramm Nahrung pro Tag reinzupfeifen. Damit die Giraffe auf der Zunge keinen Sonnenbrand kriegt, ist die Zunge nicht rot, sondern dunkelblau.« Vereinzeltes Lachen kommt von der Rückbank, tatsächlich scheine ich hier gerade einigen meiner Rangerkollegen etwas Neues zu erzählen.

Durch das positive Feedback angespornt, fahre ich fort: »Dazu kommt, dass Giraffen aufgrund ihrer Größe von bis zu fünf Metern und ihrer scharfen Augen perfekte Wachposten sind. Deswegen sind sie gern gesehene Gäste in Antilopen- oder Zebraherden.«

Ich bin froh, dass ich erst vor wenigen Tagen einen spannenden Artikel über Teamwork unter Beutetieren gelesen habe, das kommt mir jetzt zugute. So kann ich noch ergänzen, dass sich Antilopen, Zebras, Gnus und Giraffen nicht selten zusammenschließen, um sich besser vor Angreifern zu schützen und ihre Überlebenschance zu erhöhen. »Alleine sind sie schwach, in der Gruppe sind sie jedoch stark und können sich besser gegen Raubtiere verteidigen.«

Wir beschließen, es der Giraffe gleich zu tun und eine Frühstückspause einzulegen. Mit viel Abstand parke ich den Jeep und hole Tee, Kaffee und Kekse hervor. Eine Kaffeepause neben einer Giraffe, das gibt es auch nicht alle Tage. Ich seufze zufrieden.

Währenddessen schaut John durch sein Fernglas: »Die Giraffe ist offensichtlich nicht allein, schaut mal auf ihren Rücken.«

Gespannt zücken wir unsere Ferngläser, suchen den Rücken der Giraffe nach Auffälligkeiten ab.

Kabelo, der mit Abstand die besten Augen aus der Gruppe hat, flüstert: »Ja, richtig, da ist ein Vogel, ein Madenhacker.«

»Genau, Kabelo«, nimmt John den Ball auf. »Das ist ein klassisches Beispiel für eine symbiotische Beziehung. Der Madenhacker befreit das Fell der Giraffe von Parasiten und anderen Krankheitserregern. Für die Giraffe gibt es so ein sauberes Fell, für den Vogel einen vollen Magen. Zwei Tiere schließen sich zusammen, um voneinander zu profitieren. Eine Zweckgemeinschaft, wie wir sie oft in der Wildnis finden.«

Und nicht nur dort. Symbiotische Beziehungen gibt es überall, in der afrikanischen Wildnis genauso wie im Politik-Dschungel. Denn auch dort geht es oft genau darum: sich zusammenzuschließen und Allianzen zu bilden, um so die eigenen Positionen und Argumente besser durchzusetzen. Das gilt insbesondere für die zweite Reihe.

Eine gute Idee oder ein guter Wille allein reicht meist nicht aus, man braucht Mitstreiter, Unterstützer, andere Politiker, um eine stärkere Stimme zu bekommen. Es ist ein ständiges Geben und Nehmen. Wenn man so will, liegt genau darin ein elementarer Bestandteil von Politik.

Und auch mit Blick auf die Medien, die eigentlich die Politik beobachten und kontrollieren sollen, sind immer mal wieder symbiotische Beziehungen zu beobachten. Journalisten wollen spannende, exklusive Informationen, Politiker wollen die Öffentlichkeit, die Talkshoweinladung, das Sonntagszeitungsinterview. Somit können beide Seiten voneinander profitieren: Der Journalist bekommt seine exklusive Geschichte, der Politiker dafür seine Bühne.

Giraffe und Madenhacker interessiert das alles nicht, sie kehren uns den Rücken zu und wandern weiter, machen sich auf zum nächsten Baum. Ihr Rückzug ist auch unser Startschuss.

Schnell packe ich Tassen und Thermoskannen zusammen, sammle den Müll ein. Es ist höchste Zeit aufzubrechen. Zwar haben wir nur noch wenige Kilometer bis zur Insel der Paviane vor uns, doch die Sonne hat in der letzten Stunde eine weite Strecke zurückgelegt, die Luft wird immer wärmer, hin und wieder flackert sie schon vor Hitze. Und wir alle wissen: Je heißer es wird, umso schwieriger ist es, Tiere in Aktion zu sehen.

Deswegen setzen wir rasch unsere Tour fort. Konzentriert manövriere ich das Auto den Weg entlang, der mittlerweile mehr einem Wüstensandstreifen gleicht als einer gut befahrbaren Straße. Mit viel Gefühl trete ich das Gaspedal, ganz vorsichtig, um das Auto nicht im tiefen Sand festzufahren. Keine halbe Stunde später erreichen wir endlich unser Ziel. Die Pavian-Insel ist von mehreren hoch emporragenden Bäumen umgeben, als würden sie eine Schutzmauer für die Insel bilden.

»Jetzt heißt es, Augen aufhalten«, flüstere ich meiner Gruppe zu.

Doch von Pavianen ist weit und breit nichts zu sehen. Vielleicht sind wir zu spät? Die Sonne steht fast im Zenit, die Temperaturen liegen jetzt bei über fünfundzwanzig Grad. Doch noch bevor sich Skepsis ausbreiten kann, entdeckt John in einiger Entfernung eine Affenherde. Insgesamt sind es bestimmt fünfundzwanzig Paviane, ganz unterschiedlicher Größe, die sich gerade an einem Baum vergnügen. Ein Teil sitzt auf den Ästen, ein Teil auf dem Boden. Zwei kleinere Affenkinder spielen Fangen, springen von Ast zu Ast. Eine Pavianmama mit Baby klettert gerade den Baum herunter.

»Oh, wie süß«, rutscht es mir raus. Okay, zugegeben, sicher nicht der qualifizierteste Rangerkommentar, aber Emotionen müssen raus.

Meinen Safarigästen geht es nicht anders. Total begeistert beobachten sie die Paviane und studieren ihr Verhalten. Es ist verrückt: Das Beobachten von Affen hat immer etwas Besonderes, vermutlich weil Gestik und Mimik so stark an uns Menschen erinnern und so viele Parallelen zum menschlichen Miteinander gezogen werden können.

Ich lasse meine Gäste ein wenig in Ruhe die Tiere beobachten, während ich gedanklich schon meinen kleinen Vortrag vorbereite. Denn es ist kein Zufall, dass ich die Paviane als Ziel meiner ersten Safaritour ausgesucht habe …

Nach wenigen Minuten ergreife ich das Wort: »Wie ihr seht, leben Paviane in Gruppen, bis zu zweihundertfünfzig Tiere können dazugehören. Da braucht es eine gute Organisation. Pavianherden sind hierarchisch organisiert, an der Spitze stehen ein oder mehrere Alphamännchen, die sich den Platz erkämpft und bei Paarung und Nahrung die absolute Hoheit haben.« So weit, so bekannt. Viele Tiergruppen sind genauso organisiert. Jetzt ist der richtige Moment, um das Geheimnis meiner Paviantour zu lüften: »Die Tiere sind den ganzen Tag als Gruppe unterwegs. Wohin die Reise geht, entscheiden aber nicht die Alphatiere. Vielmehr sind Pavianherden eine kleine Demokratiebewegung – die Mehrheit entscheidet, wo die Gruppe hinzieht. Vermutlich haben diese Tiere über Jahrhunderte hinweg die Erfahrung gemacht, dass demokratische Prozesse zu besseren Ergebnissen führen; sprich zu mehr Nahrung und einer höheren Überlebenschance. Welch weise Affen!«

Damit habe ich den Affen aus dem Sack gelassen. Mir ging es heute nicht nur um eine normale Safaritour, sondern mein Ziel war es, Naturpädagogik mit politischer Bildung zu kombinieren. Meine Safarigruppe ist fasziniert, auch John schaut mich begeistert an. Habe ich da vielleicht gerade eine neue Geschäftsidee aufgetan? Möglich wäre es, fraglich jedoch, in wie vielen afrikanischen Staaten ich mit meiner demokratischen Safaritour Fuß fassen dürfte.

Bevor ich mir darüber weiter Gedanken machen kann, werfe ich einen Blick in die Gesichter meiner Rangerkollegen. Sie sehen zufrieden aus, aber gleichzeitig auch müde. Für mich ein klares Zeichen, den Rückweg anzutreten. Ich fahre einmal um die Pavian-Insel herum und nehme Kurs auf unser Camp. Denn die Mehrheit in unserem Jeep ist eindeutig – sie hat Hunger und braucht eine Pause. Es lebe die Demokratie!

Kleinvieh macht auch Mist

Der raue Charme der afrikanischen Wildnis zieht mich immer mehr in seinen Bann. Alles hier ist so echt, so unverfälscht, so natürlich. Das geht nicht spurlos an mir vorbei. Auch ich habe das Gefühl, einfach nur sein zu können, wie ich bin, mich treiben zu lassen.

Zwei Wochen lebe ich nun schon hier, jetzt bin ich angekommen. Meine erste eigene Rangerfahrt habe ich gut gemeistert, mittlerweile fühle ich mich wie ein Teil der Natur, irgendwie so, als würde ich wirklich hierhergehören.

Leichtfüßig laufe ich barfuß durch unser Camp, sitze stundenlang in meinem Vorgarten oder auf dem Speisezimmerplateau, lasse meinen Blick über die weite Landschaft schweifen. Ich höre der Wildnis zu, schnuppere den Duft der Natur, verlasse mich vollkommen auf meine Instinkte.

Das Leben, die Ruhe, sie erden mich und tun mir gut. Nichtstun würde mich in Berlin wahnsinnig machen, mein ungeduldiges Ich würde durchdrehen. Doch hier macht es mich glücklich. Langeweile? Fehlanzeige! Es gibt so viel zu sehen, zu beobachten, und selbst wenn nichts passiert, passiert doch etwas.

Das Einzige, was mir wirklich fehlt, ist ausreichend Bewegung. Während ich in Berlin regelmäßig joggen gehe, steht das hier leider ganz oben auf der Not-to-do-Liste.

Nahezu täglich wiederholt John seinen Appell an uns, dass wir hier niemals laufen sollen. Es ist eine Art mentales Training, mit dem er uns auf den Notfall vorbereiten will. Er scheint weiterhin Bedenken zu haben, dass wir in einer gefährlichen Situation am Ende doch alle in unterschiedlichste Richtungen auseinandersprinten.

Vermutlich ist seine Angst nicht ganz unbegründet, möglicherweise hat er schon entsprechende Erfahrungen mit anderen Gruppen gemacht. Sobald wir ihn darauf ansprechen und nachhaken, zuckt er jedoch nur in gewohnt lässiger Art mit den Schultern und winkt ab. Offenbar will er darüber nicht reden. Vielleicht auch besser so. Letztendlich werden wir die Antwort schon früh genug erfahren, sollten wir in eine solche Situation kommen. Und am Ende ändert es nichts daran, dass ich die Laufschuhe vorerst an den Nagel hängen muss.

Umso mehr freue ich mich, wenn wir zu Fuß die Wildnis erkunden. Etwa zweimal die Woche geht es ohne Jeep auf Safari, heute ist wieder so ein Tag. Nach dem Mittagessen gibt es noch eine kleine Theorieeinheit in unserem Klassenzimmer, dann heißt es: Trekkingklamotten anziehen und fertig machen für die Safariwanderung.

Die Sonne fährt heute zu Hochleistungen auf, Wärme und Trockenheit lassen die Luft flimmern. Doch trotz Temperaturen um die dreißig Grad entscheide ich mich für die grauschwarze lange Wanderhose, ziehe dazu meine knöchelhohen, braunen Trekkingschuhe an und schnüre sie fest zu. Lange Hosen und feste Schuhe schützen nicht nur vor Sonne und Stolperfallen, sie sind auch wichtig bei Gefahren durch Schlangen, Spinnen und andere gefährliche Kleintiere. Sollte man versehentlich auf eine Schlange treten oder ihr auch nur ansatzweise zu nahekommen und sie dadurch provozieren, ist immer noch ein fester, ordentlich gepolsterter Schuh zwischen ihren Zähnen und der eigenen Haut. Wie viel das tatsächlich bringt, weiß ich nicht, aber irgendwie beruhigt mich der Gedanke an diese Worst-Case-Schutzschicht.

Alle in Tarnfarben gekleidet brechen wir auf. Die Sonne steht hoch am Himmel, der Schweiß perlt auf der Stirn. Hinter mir höre ich das angestrengte Keuchen von Peter, der mit den Wanderungen nach wie vor nicht warm wird. Ich drehe mich um, sehe sein Gesicht, das fast genauso rot ist wie seine in alle Richtung stehenden, wuscheligen Haare. Mit einer flüchtigen Armbewegung versucht er den Schweiß aus seinem Gesicht zu wischen. Offensichtlich verbringt er seine Freizeit mehr in Bibliotheken als in irgendwelchen Fitnessstudios. Denn sein Wissen ist immens, seine Kondition dafür umso schlechter. Die Kombination aus Bewegung, Sonne und Adrenalin macht ihm zu schaffen.

»Keine Sorge«, sagt John, »wir gehen heute nicht weit.«

Während Peter erleichtert aufatmet, hoffe ich insgeheim, dass ich mich trotzdem ausreichend auspowern kann.

Hintereinander und schweigend gehen wir über das flache Land. John an der Spitze, der Rest von uns folgt ihm.

An hinterster Position geht heute Kabelo. Er übernimmt die Aufgabe, der Gruppe den Rücken freizuhalten. Mich beruhigt das ungemein: Niemandem von meinen Rangerkollegen vertraue ich so sehr wie Kabelo. Man merkt, dass er hier in Botswana, mitten in der Natur aufgewachsen ist. Für ihn ist die Ausbildung quasi eine Art Heimspiel.

Als ich mich umdrehe, sehe ich, wie Kabelo kurz stehen bleibt, einen prüfenden Blick in Richtung Gruppe wirft. Als er sich versichert hat, dass alles in Ordnung ist, streichelt er vorsichtig mit seiner Handinnenseite die hüfthohen Gräser, bevor er eines davon abpflückt und behutsam in die Hosentasche schiebt. Vermutlich um es später im Camp zu bestimmen. Wie ein echter Ranger.

Kabelo ist einfach wie geschaffen für diesen Beruf, manchmal wirkt es, als hätte er nie etwas anderes gemacht. Er kennt die Pflanzen und Tiere, seine Sinne sind um einiges besser als unsere. Während wir anderen die Crème de la Crème der Safariausstattung besitzen, vom Fernglas bis zur Spiegelreflexkamera, verlässt Kabelo sich auf seine scharfen Augen und seinen Verstand. Denn teure Ausrüstung kann er sich nicht leisten. Das wenige Geld, das er besitzt, investiert er in die Bildung seiner zwei Kinder, die bei jeder Safari als Foto in seiner Brusttasche mit dabei sind. Mit seiner zurückhaltenden, bedachten Art habe ich den Familienvater und Rangerkollegen von Anfang an in mein Herz geschlossen.

Ich atme tief durch, schließe die Augen. Ein lauer Wind kitzelt meine Haut, es riecht nach warmer Erde und trockenem Gras. Safariwanderungen sind immer etwas ganz Besonderes, man ist ein Teil der Natur, so nah an den Tieren, so völlig ohne Schutz. Mein ganzer Körper ist unter Anspannung, meine Sinne sind so scharf, wie ich es in der Großstadt noch nie erlebt habe.

Plötzlich nehme ich jedes noch so leise Geräusch wahr, jede Bewegung. Jeder ungewöhnliche Duft, womöglich von einem Tier, veranlasst mich zum Innehalten. Gerade mein Geruchssinn blüht hier auf und eröffnet mir ein Tor zu einer ganz neuen Welt. Während ich in Berlin die Nase manchmal am liebsten versiegeln würde, vorzugsweise an U-Bahnhöfen, wo Uringestank und Dönergeruch eine nasenhaarsträubende Melange bilden, wird mein Geruchssinn hier in der Wildnis zu meinem stärksten Instinkt. Nicht selten rieche ich Tiere, bevor ich sie sehe. Zwar kann ich sie meistens nicht exakt bestimmen, dafür fehlt mir die Erfahrung. Aber ich kann es riechen, wenn sich Säugetiere in der Nähe befinden. So fühlt es sich also an, wenn der menschliche Körper langsam zurück zu seinen Wurzeln findet.

Gut eine Stunde wandern wir durch die Graslandschaften. Wir passieren eine Herde Antilopen, die aufgeschreckt davonspringt, als sie uns hört. Auch ein Warzenschwein kreuzt unseren Weg, allerdings in sicherer Entfernung, worüber ich nicht unglücklich bin. So gerne ich sie mir mit ausreichend Distanz auch ansehe, so groß ist mein Respekt vor einer Nahbegegnung mit ihnen und ihren riesigen Eckzähnen.

Wir gehen weiter, immer noch schweigend, den Blick

auf die Umgebung fokussiert, die Ohren gespitzt. Plötzlich bleibt John stehen. Neben ihm entdecken wir einen mindestens vier Meter großen, spitz zulaufenden, braunen Haufen – einen Termitenhügel.

Überall im Okavango-Delta gibt es solche Bauwerke, in Form und Farbe recht ähnlich, von der Größe unterschiedlich. Dieser hier ist überdurchschnittlich groß.

»Das ist unser Ziel für heute, hier will ich mit euch einen längeren Stopp machen«, sagt John. »Heute geht es nämlich um Käfer und Termiten.«

Innerlich verdrehe ich die Augen. Im Ernst? Okay, ich habe die zweite Reihe im Reich der Tiere mittlerweile schätzen gelernt, aber dass ich mich jetzt einen ganzen Nachmittag mit Insekten beschäftigen soll, lässt meine innere Unruhe wieder hochkommen, mein ungeduldiges Ich schüttelt sich. Wie weit kann ich mich von den Big Five eigentlich noch entfernen? Auch die anderen scheinen nicht wirklich begeistert zu sein. Sue rollt mit den Augen. Für jemanden auf Big-Five-Entzug sind diese kleinen Tiere einfach nur unbefriedigend.

Doch John lässt sich davon nicht weiter beirren: »Alleine in Botswana gibt es achttausend Insekten und Spinnenarten. Sie alle zu kennen, ist unmöglich. Aber Termiten sind ein Muss auf jeder Safaritour«, sagt er und zeigt auf den Hügel, der doppelt so groß ist wie er selbst.

Ich beschließe, mein trotziges Ich in die Schranken zu weisen und offen zu sein für Johns Ausführungen. Zum Glück, denn was ich nun höre, fasziniert mich.

Wie sich herausstellt, stehen wir direkt vor einem ganzen Insektenimperium. Der meterhohe Haufen, den wir sehen, ist dabei nur die Spitze des Eisbergs. Das wahre Leben spielt sich unterirdisch ab. Bis zu drei Millionen Termiten leben in einer Kolonie, in einem überwiegend unterirdischen Geflecht aus Gängen und Galerien, die kilometerlang sind, bis zu vierzig Meter unter dem Erdboden. Ich trete an den Hügel heran, lege meine Hand auf die Oberfläche, klopfe den Hügel vorsichtig ab. Er ist hart wie Stein.

»Aber wenn drei Millionen Termiten darin wohnen, warum wimmelt es hier nicht nur so von den Krabbeltieren?«, fragt Sue und zeigt auf eine einzelne Termite, etwa so groß wie ein Reiskorn, die etwas verwirrt über den Boden krabbelt.

»Weil das Leben der Termiten überwiegend unterirdisch stattfindet. Dort sind sie sicher, dort ist ihre Überlebenschance größer«, erklärt John.

Interessiert lausche ich seinen Ausführungen. Es gibt klare Hierarchien im Termitenstaat: An der Spitze steht ein Königspaar, das sich auf Fortpflanzung konzentriert. Ihm untergeordnet sind die Soldaten, die den Termitenhügel vor Angreifern schützen, und natürlich die unzähligen Arbeiter, die neue Gänge bauen, Nahrung besorgen, den Nachwuchs füttern.

Spätestens jetzt hat John mein Politikwissenschaftlerherz angesprochen. Wirklich wie ein Staat, der monarchisch organisiert ist. Davon gibt es zwar weltweit nicht mehr allzu viele, dennoch notiere ich mir, dass ich Termiten unbedingt in meine nächste politische Safaritour einbauen muss.

»Doch nun kommen wir zum Wichtigsten«, fährt John fort. »Termiten zeichnen das Gesicht dieser Landschaft, sie gestalten das Ökosystem mit und sichern anderen Tieren das Überleben. Es sind also nicht nur die großen Tiere, die ihre Umwelt prägen, auch die Bedeutung von Termiten und anderen Insekten für ihr Habitat ist enorm.«

Tiefer Respekt schwingt in seiner Stimme mit, während er seine Ausführungen genauer erläutert. Denn Termiten sorgen nicht nur dafür, dass abgestorbene Pflanzenmaterialien recycelt werden und das Wasser sauber bleibt. Sie sind ebenso dafür zuständig, dass der Boden gelockert wird und ausreichend Nährstoffe bereithält. Damit schaffen sie die Voraussetzung für Pflanzen; ja, eigentlich für jegliches Leben in der Savanne. Dort wo Termiten sich ansiedeln, ist der Boden fruchtbarer, Sträucher und Bäume wachsen, ganze Inseln entstehen, auf denen dann wiederum andere größere Tiere leben. Und selbst wenn irgendwann wieder die Wassermassen die Termitenhügel überfluten sollten, werden viele dieser Inseln bestehen bleiben.

Kleiner Körper, große Wirkung. John hat mich davon überzeugt, dass diese kleinen Tiere mehr Anerkennung verdienen, als ich ihnen bislang habe zukommen lassen. In den meisten Afrika-Reiseführern werden Termiten mit keiner Silbe erwähnt, allenfalls gibt es eine Fußnote und doch würden ohne diese kleinen Tiere die Reiseführer vermutlich gar nicht existieren. Termiten sind die kleinen, fleißigen Kräfte im Hintergrund, die maßgeblich den Boden ebnen, sowohl für die Big Five als auch für die Tiere der zweiten Reihe.

Ich muss grinsen, kann es sein, dass ich diese Rolle selbst kenne? Können die Termiten nicht gleichgesetzt werden mit den Hunderten, ja Tausenden Mitarbeitern des Berliner Politikapparates? Mit all den Angestellten im Bundestag und Bundesrat, mit den Beamten in den Ministerien und den Mitarbeitern in den Parteizentralen. Sie sind immer im Hintergrund, nie zu sehen, allenfalls mal in einem kurzen Fernsehschnittbild im Schatten eines prominenten Politikers. Doch ohne sie würde der Politik-Dschungel vermutlich nicht funktionieren und wäre vielmehr ein wilder, chaotischer Urwald.

Denn oft sind es die Mitarbeiter, die Argumente sammeln, Entscheidungen vorbereiten und Reden schreiben. Sie verfassen die Briefings für ihre Abgeordneten oder Minister, damit diese beim nächsten Auftritt bestmöglich performen können. Und es sind auch oft die Angestellten, die die Hoheit über die Terminpläne haben und die damit entscheiden, wen die Politiker wann treffen und wen eben nicht, welches Interview gegeben wird und welches nicht. Ich kenne sogar Politiker, denen jegliche Schreibrechte für ihre eigenen Terminkalender entzogen wurden. Deren Mitarbeiter rebelliert haben, weil sie wissen, sobald ihre Chefs selbst Termine eintragen, gibt es nur Chaos.

Meine Gedanken springen zwischen Okavango-Delta und Berlin hin und her, wie eine Spinne webe ich ein Netz zwischen meinem »alten« und meinem »neuen« Leben. Je länger ich den riesigen Termitenhaufen betrachte, umso mehr Parallelen tun sich auf. Nicht zuletzt was die Arbeitsleistung und den Gestaltungswillen betrifft. Wenn so kleine Tiere so etwas Großes bauen, steckt da viel Fleiß hinter. Eine weitere Ähnlichkeit: Auch die Mitarbeiter im Politikbetrieb arbeiten oft unermüdlich, zehn- bis zwölfstündige Arbeitstage sind keine Ausnahme. Das habe ich oft genug selbst mitgemacht.

Als ich der Gruppe von meinem Vergleich erzähle, ist das Gelächter groß. Die Gemeinsamkeiten sind einfach zu offensichtlich.

Doch plötzlich hält John inne, schaut mich herausfordernd an: »Aber ich glaube, dass ein anderer Käfer noch viel besser zu dir passt, Maria!«

»Ach ja, welcher denn?«, frage ich erwartungsvoll.

»Na, das liegt doch auf der Hand: der Mistkäfer!«

Entrüstet schaue ich John an. Das Gelächter der anderen hört abrupt auf. Was will er damit sagen? Will er mich provozieren?

John bemerkt unsere irritierten Blicke. »Nein, nicht wie ihr denkt!«, schiebt er schnell nach, »das soll keine Beleidigung sein. Im Gegenteil: Mistkäfer machen sauber, sie räumen die Scheiße anderer weg.«

Im Nullkommanichts ist das Lach-Orchester wieder am Start. Mit der flachen Hand schlage ich mir gegen die Stirn. Das ist es! Als Pressereferentin bin ich der Mistkäfer im Politik-Dschungel. Wenn einer meiner politischen Chefs sich unglücklich äußert, irgendwelche Skandale am Hals hat oder einfach nur wieder peinliche Bilder im Netz zirkulieren, bin ich diejenige, die versuchen muss, den Mist einzusammeln und zu entsorgen.

Und nicht nur das: Mistkäfer machen ja wunderschöne kleine Bälle aus den Kot-Resten. Auch da gibt es Parallelen zu meinem Arbeitsalltag. Schließlich ist es auch meine Aufgabe, unglückliche Äußerungen von Politikern neu zu formieren und ins schöne Licht zu rücken. Mit einem Augenzwinkern habe ich meinen Job ja selbst immer als »Meisterin im Schönreden« betitelt. Plötzlich sind mir diese Kleintiere sympathischer als gedacht. Kleinvieh macht eben auch Mist!

Alles dreht sich
um Paarung

Es ist Wahnsinn, wie viel ich hier in der Wildnis in kürzester Zeit lerne. Über die Natur, über die Menschen, über mich. Wir sind mitten in Woche drei. Was vielleicht erst mal nicht lang klingen mag, fühlt sich für mich nach einer halben Ewigkeit an. Normalerweise ist es so, dass ich nach drei Wochen Urlaub feststelle, dass die Zeit viel zu schnell vergangen ist und ich nicht einmal dazu gekommen bin, ein Buch komplett zu lesen. Doch hier in Afrika merke ich, dass allein drei Wochen reichen, um mein Blick auf das Leben zu verändern.

Ich bin selbst überrascht, wie schnell ich mich an die neuen Gegebenheiten gewöhnt habe. Ein Leben ohne Eimer-Dusche mitten in der Wildnis, ohne Bio-Toilette mit natürlichem Belüftungssystem oder mit permanentem Handyklingeln kann ich mir nicht mehr vorstellen. Es ist, als läge mein Berliner Lifestyle – die charmante Altbauwohnung, der proppenvolle Kleiderschrank, meine mehrere hundert Facebook-Freunde und Instagram-Follower – Lichtjahre von mir entfernt. Ich merke immer mehr, wie wenig ich brauche, um glücklich zu sein.

Nur das frühe Aufstehen vor Sonnenaufgang würde ich gerne beim Safariveranstalter reklamieren. Da hilft auch der persönliche Weckdienst nicht, der jeden Tag von jemand anderem übernommen wird. Heute ist Peter dran, der für seine fortwährende gute Laune bekannt ist, zumindest wenn wir nicht gerade auf einer Wanderung sind.

»Guten Morgen, Maria. Heute ist ein wunderbarer Tag«, trällert er mir durch die Zeltwand zu, während er heißes Wasser in das provisorische Outdoor-Waschbecken kippt, das vor meinem Zelteingang steht.

Ein leises Grummeln kriege ich gerade noch aus meiner Kehle gepresst, mein Zeichen an ihn, dass ich lebe und mich in einer Art Wachzustand befinde. Mehr geht in dieser Frühe einfach nicht. Peter scheint das nicht zu stören, pfeifend geht er zum nächsten Zelt, dessen Bewohner er ebenso überschwänglich mit seiner Ode an die gute Laune weckt.

Ich lausche seiner Weckzeremonie mit einer Mischung aus Neugier und Skepsis. Für mich ist es unerklärlich, wie man um diese unmenschliche Tageszeit schon so gut drauf sein kann. Es ist 5.30 Uhr und noch stockdunkel, draußen ist es abgesehen von Peters Geträller relativ ruhig. Die nachtaktiven Tiere sind dabei, sich zurückzuziehen, die tagaktiven Tiere wachen gerade auf. Ähnlich wie ich.

Schlaftrunken taste ich nach meiner Taschenlampe, die neben dem Bett steht, und knipse sie an. Mit dem Lichtkegel leuchte ich mein Zelt ab, suche meine Klamotten, die ich gebündelt in eine Ecke geworfen habe. Ohne groß nachzudenken, streife ich mir Hose, Shirt, Pullover und Jacke über und setze meine Mütze auf. Keine Frage, das ist ein großer Pluspunkt an der Wildnis: Hier gibt es kein ewiges Grübeln, welcher Blazer mit welcher Hose kombiniert werden kann. Stattdessen habe ich zwei Outfits zur Auswahl, die ich abwechselnd trage, entschieden wird meist danach, welche Klamotten am Vortag gelüftet wurden.

Mit Augenringen und verhaltener Stimmung schlurfe ich zu unserem Frühstückstisch, wo schon warmer Haferbrei und frisch getoastetes Brot mit Erdnussbutter auf mich warten. Dazu noch ein heißer Tee, das reicht, um mein Betriebssystem langsam in Gang zu bringen. Als ich endlich meinen Snooze-Modus beendet habe, merke ich, dass ein aufgeregtes Flimmern in der Luft liegt. Ich versuche die Gesprächsfetzen am Tisch aufzuschnappen und zu einem Bild zusammenzusetzen.

Plötzlich zucke ich zusammen. »Löwe?«, frage ich, unsicher ob meine müden Ohren sich verhört haben.

»Ja, sie scheinen wieder hier in unserer Nähe zu sein, nicht weit vom Camp, ich habe sie heute Nacht gehört«, wendet sich John mir zu.

Peter springt ihm bei: »Ich habe sie heute Nacht auch brüllen gehört.« Mit einem strahlenden Gesicht blickt er in die Runde.

Ungläubig schaue ich ihn an, nicht weil er Löwen gehört hat, sondern weil er offensichtlich in der Nacht nicht geschlafen hat und trotzdem am Morgen so gut drauf ist. Ich habe geschlafen wie ein Stein und fühle mich dennoch wie ein Faultier auf Schlafentzug.

Doch egal, ich wische den Gedanken beiseite und konzentriere mich auf das Wesentliche: Löwen! Hier! Ganz nah! Möglicherweise kann ich heute ein neues Big-Five-Tier zu meinem Rangertagebuch hinzufügen. Nach all den Zweite-Reihe-Tieren und dem Kleinvieh kehrt nun der Wunsch zurück, weiteren Big-Five-Vertretern auf die Spur zu kommen.

Die Aussagen von John und Peter bringen Schwung in die Runde. Zügig beenden wir unser Frühstück, keiner von uns will Zeit verlieren. Wir springen in den Jeep, Peter ist heute unser Tourführer und Fahrer. John erklimmt den wackeligen Spurenlesersitz vorne auf der Motorhaube, so wie immer, wenn es wirklich wichtig ist, dass uns keine Spur entgeht. Irgendwie scheint er unserer Spurenleserkompetenz nach wie vor nicht hundertprozentig zu vertrauen. Verübeln kann ich es ihm nicht, zumindest kann ich mit Blick auf meine eigenen Fähigkeiten ziemlich sicher sagen, dass ich vom Spurenlesersitz lediglich die riesengroßen Elefantenspuren eindeutig identifizieren kann, alles andere wird fröhlich geraten.

Peter rattert im Rekordtempo das Sicherheitsbriefing herunter, wir anderen hören nur halb hin, parallel checken wir die Akkus unserer Fotoapparate und Handys. Dann geht es endlich los.

Peter lenkt den Jeep nach Nordosten, aus dieser Richtung soll das Löwenbrüllen heute Nacht gekommen sein. Ob der

Löwe immer noch da ist, weiß niemand, denn in den vergangenen Stunden hat die Raubkatze kein Schnurren mehr von sich gegeben. Aber ein Versuch ist es wert.

Wir holpern die Pisten entlang und kommen in den Genuss von Peters ganz besonderen Safariqualitäten. Denn er ist nicht nur ein wandelndes Biologie-Lexikon und ein immer gutgelaunter Entertainer, er ist ein ebenso miserabler Fahrer. Mit ihm gibt es eine absolute Schlaglochgarantie, jede Untiefe wird mitgenommen. Ich könnte wetten, dass wir das ein oder andere Schlagloch sogar noch vertiefen. In mir breiten sich Zweifel aus, ob wir diese Fahrt überleben werden. Innerlich bereite ich mich auf das Schlimmste vor und beginne schon einmal, meinen eigenen Nachruf zu verfassen.

In einigen afrikanischen Ländern ist es nicht unüblich, dass nach dem Tod kleine Nachruf-Filme produziert werden. Die Hauptrollen sind prominent besetzt, durch das Leben, den Tod und die oder den Verstorbenen. Übertragen auf meine Situation hätte solch ein Film durchaus Potenzial. Es wäre alles dabei, was einen guten Beitrag ausmacht: eine Protagonistin auf Sinnsuche, schöne Naturaufnahmen und ein tragisches Ende. Und auch die Geschichte selbst besticht durch ihre Absurdität: Ein platter Reifen in der afrikanischen Wildnis wurde Maria H. zum Verhängnis; beim Versuch, den Reifen zu wechseln, wurden sie und ihre Rangerkollegen von einem Rudel Löwen überrascht und gefressen. Das Greifen nach ihren Träumen brachte Maria H. ins Grab.

Unsinn, denke ich, und zwinge mich, Peters Ausführungen weiter zu folgen. Während er das Auto irgendwie mit Ach und Krach voranbringt, überschüttet er uns zeitgleich mit allen Informationen, die er jemals in seinem Leben über Löwen aufgeschnappt hat. Löwen sind territoriale Tiere, leben in Rudeln mit vielen Weibchen und einem oder mehreren Männchen. Die Frauen sind diejenigen, die jagen, die Männer gesellen sich dazu, wenn die Beute erlegt wurde, und dürfen sich dann auch als Erstes ans Zerfleischen machen.

Moment! Die Frauen besorgen das Essen und der Mann darf es dann verspeisen? In mir schrillen die Emanzipationsalarmglocken. Wie ungerecht ist das denn?

Doch bevor ich den Gedanken laut ausspreche, fährt Peter fort: »Doch wenn ihr denkt, die Männer haben ein einfaches Leben, liegt ihr falsch. Regelmäßig kommt es zu harten Auseinandersetzungen zwischen Löwenmännchen um die Rudelführung. Wer verliert, muss das Rudel verlassen und ist dann oft auf sich allein gestellt. Das spiegelt sich auch in der Lebenserwartung wider: Männliche Löwen werden in der Regel sieben bis zwölf Jahre alt, die Lebenserwartung von Löwinnen ist fast doppelt so hoch.«

Mein Emanzipationsalarm hat sich wieder beruhigt. Machogehabe zahlt sich eben doch nicht aus. Während Peter weiter über Sozial- und Paarungsverhalten von Löwen referiert, lehne ich mich zurück und blicke über das weite Grasland in der Hoffnung, vielleicht in der Ferne den Löwen zu erspähen. Leider ohne Erfolg.

Nach knapp einer Stunde springt uns endlich das Glück zur Seite. Wir stoßen auf Löwenspuren. Die etwa handtellergroßen Umrisse sind noch ganz deutlich zu erkennen, der Abdruck ist frisch. Peter und John haben sich nicht getäuscht, hier waren Löwen in der vergangenen Nacht. Und zwar mehrere, darauf lassen die unterschiedlich großen Pfotenabdrücke schließen. Doch auch diese Spuren verlaufen sich im wahrsten Sinne des Wortes im Sand. Nach einer weiteren Stunde Fahrt finden wir kein einziges weiteres Indiz, das auf einen Löwen schließen lässt.

Es ist ruhig im Jeep, die Euphorie ist verflogen. Ich habe ein Déjà-vu. Wie schon in der ersten Woche sind wir einer Raubkatze auf der Spur, doch finden nichts außer ein paar Fußabdrücke im Sand. Das ist frustrierend.

Auch Peter sagt kaum noch etwas. Nachdem er die ersten eineinhalb Stunden fast durchgängig gequasselt hat, ist seine Stimme jetzt heiser. Der Moment, in dem John beschließt, den Spurenlesersitz an jemanden von uns zu übergeben, ist für mich das Eingeständnis, dass auch er nicht mehr daran glaubt, heute noch einen Löwen zu sehen.

Den Rest der Tour verbringen wir eher schweigend, die Stimmung ist gedrückt. Und selbst das gut schmeckende Mittagessen im Camp, bestehend aus Kartoffelspalten und Hähnchenkeulen, kann uns nicht wirklich aufheitern. Ein Großteil von uns zieht sich nach dem Essen in die Zelte zurück. Ich merke, wie bei allen langsam die Zweifel wachsen, ob wir in unserer Rangerausbildung überhaupt noch weitere Big-Five-Tiere zu Gesicht bekommen werden.

John scheint uns unsere Enttäuschung anzumerken, weshalb er kurzfristig den Stundenplan umwirft. Schluss mit den geplanten, doch eher unspektakulären Unterrichtsstunden zu Gräsern, Pilzen und Fotosynthese. »Heute reden wir über das Paarungsverhalten von Tieren«, begrüßt er uns am Nachmittag mit einem breiten Grinsen im Gesicht. »Denn hier in der Wildnis dreht sich eigentlich alles um die Fortpflanzung.«

Die Jungs kichern, ich seufze: Irgendwie bezweifle ich, dass es mich aufheitert, mit meinen männlichen, spätpubertierenden Rangerkollegen über tierisches Paarungsverhalten zu sprechen. Aber nun gut, in den letzten Wochen bin ich immer gut damit gefahren, innere Zweifel abzuschütteln und John zu vertrauen. Lasse ich mich also auch dieses Mal darauf ein.

»Wir beginnen mit den Vögeln, unumstritten die Meister auf dem Balzplatz«, fährt John fort und tippt auf sein Smartphone.

»Wop, wop, wop, wop«, ein schroffer, kehliger Ruf tönt aus seinem Handy. »Erkennt ihr den Vogel?«, fragt er in die Runde.

Ich richte meinen Blick nach unten, inspiziere meine Fingernägel in der Hoffnung, dass John mich nicht gezielt anspricht. Bislang habe ich gekonnt verdrängt, dass zu der Rangerausbildung auch gehört, Vogelstimmen zu erkennen und auseinanderzuhalten. Das rächt sich nun. Wenn ich raten müsste, würde ich bei diesem Geräusch eher auf einen wütenden Hund als auf einen verliebten Vogel tippen.

Aus dem Augenwinkel sehe ich, wie auch die anderen tiefer in ihren Stuhl versinken.

Nach wenigen Sekunden peinlichen Schweigens meldet sich Kabelo zu Wort, rettet wieder einmal unsere Ehre: »Das ist ein Gelbschnabeltoko.«

Vor meinem inneren Auge suche ich ein Bild zu dieser Vogelart, erinnere mich an »Zazu« aus Disneys »König der Löwen« mit seinem gekrümmten, gelben Schnabel und seinem grau-weißen Gefieder.

»Richtig, Kabelo!«, freut sich John. »Diesen Ruf benutzt der Gelbschnabeltoko, um sein Weibchen zu umwerben. Oft kombiniert er ihn mit einem Balztanz.«

So aggressiv der Toko-Laut für mich auch klingen mag, so sehr fasziniert mich die Vorstellung, wie das Männchen all sein Stimmvolumen und seinen Flügelschwung aus sich herauskitzelt, um die Verehrte zu bezirzen.

»Doch nicht alle Vögel setzen ihre Stimme ein«, fährt John fort. »Einige singen, andere verfärben ihr Federkleid oder stellen ihre Baukünste unter Beweis.«

Dann erzählt er vom Webervogelmännchen, das alles dafür gibt, seinem Weibchen ein gutes und sicheres Nest zum Brüten zu bauen. Doch kein Hausbau ohne Endabnahme – und die macht das Weibchen höchstpersönlich. Hält sie das Nest für nicht gut genug, zerstört sie es. Das Männchen, unermüdlich in seinem Paarungseifer, macht sich daraufhin sofort daran, ein neues Nest für seine Angebetete zu bauen; die Paarung ist ihm wichtiger als das eigene Ego. Bei der Vorstellung muss ich schmunzeln.

Plötzlich hören wir ein lautes Röhren, nicht weit von unserem Camp entfernt. Ich schrecke zusammen. Ist das wieder der Löwe? Dann erinnere ich mich, dass ich dieses Geräusch nicht zum ersten Mal höre.

»Wie bestellt!«, ruft nun Daniel und lacht. »Das ist ein Antilopenmännchen, das sein Revier gegen Konkurrenten verteidigt und den Weibchen imponieren will.«

»Richtig«, antwortet John mit einem Grinsen. »Kommt, wir fahren los und schauen uns das mal an.«

Wir springen in den Jeep, der Kamikaze-Fahrer Peter geht freiwillig auf die Rückbank, Daniel hievt sich hinter das Steuer. Womöglich besser so für Rücken und Stoßdämpfer.

Ruhig und besonnen lenkt er das Auto durch die Landschaft. Für mich ist Daniel ein kleines Phänomen: Mit Afrika hatte der Fünfundzwanzigjährige vor der Ausbildung nur wenig am Hut, eher durch Zufall ist er im Rangercamp gelandet. Doch von Anfang an wirkte es so, als wäre das Okavango-Delta für ihn vertrautes Terrain. Berührungsängste mit der Natur hat er kaum, sein Wissensdurst ist gewaltig, er saugt alles auf, was er über Flora und Fauna zu Ohren bekommt. Dazu kommt ein sehr enges, fast brüderliches Verhältnis zu dem ein paar Jahre älteren John.

Von der Seite mustere ich Daniel mit seinen weichen, freundlichen Gesichtszügen und den blonden, strubbeligen Haaren, die unter dem olivgrünen Cowboyhut hervorschimmern, den Blick konzentriert auf die Straße gerichtet.

Ich bin gespannt, wie es für ihn nach der Ausbildung weitergeht. Dass er zu seinem IT-Job zurückkehrt, kann ich mir bei dem Naturtalent – im wahrsten Sinne des Wortes – irgendwie nur schlecht vorstellen.

Daniel lenkt den Jeep nach rechts, hinaus auf eine offene Grasfläche, auf der sich eine Herde Antilopen versammelt hat. Insgesamt sind es mehr als zehn Weibchen, in ihrer Mitte steht ein Männchen, friedlich grasend. Unvorstellbar, dass dieses Tier gerade solch einen Lärm gemacht haben soll.

Doch John lässt sich nicht täuschen: »In der Brunftzeit fahren die Männchen schwere Geschütze auf. Da es immer nur einen Mann pro Herde geben kann, will jeder der Leitbock sein, der Posten ist hart umkämpft. Grundsätzlich gilt: Je größer der Harem, desto stärker der Leitbock. Wer keine Weibchen abbekommt, schließt sich mit anderen Männchen in einer Bachelorgruppe zusammen und versucht es zu einem anderen Zeitpunkt noch einmal.«

Der Kampf um die Position des Leitbocks kommt mir irgendwie bekannt vor. Nicht selten wird auch in der Politik um die Führung der eigenen Herde – der Partei oder Fraktion – hart gerungen. Der Machtkampf zwischen Armin Laschet und Markus Söder im Vorfeld der Bundestagswahl war ein Paradebeispiel dafür. Beide Top-Politiker erhoben öffentlich Anspruch auf die Kanzlerkandidatur für die CDU/CSU, beide wollten Angela Merkel im Kanzleramt beerben. Es kam zu einem Showdown.

Nach langem Hauen und Stechen, Sticheln und Taktieren zog Markus Söder am Ende den Kürzeren. Doch der Kampf hatte tiefe Spuren hinterlassen, mit Blick auf den Zusammenhalt in der eigenen Partei und auch auf das Image der Politiker. Armin Laschet setzte sich zwar durch, zog jedoch angeschlagen in den Wahlkampf und wurde am Ende von den Wählern abgestraft. Nach der Wahl konnten sich weder Laschet noch Söder an die Parteispitze setzen, stattdessen meldete ein neuer Leitbock Anspruch auf die Führung der CDU/CSU-Fraktion an: Friedrich Merz.

»Und wie hart kämpfen die Antilopenböcke miteinander?«, frage ich John.

»In der Regel gibt einer nach, sie kämpfen nicht bis zum bitteren Ende«, beruhigt er mich. »Anders als zum Beispiel Giraffen, die sich bei einem solchen Rivalenkampf mit ihren langen Hälsen schwer verletzen können.«

Als ich das höre, bin ich ja fast erleichtert, dass Armin Laschet und Markus Söder nicht dem Vorbild der Giraffe gefolgt sind. Wobei bis dahin vermutlich nicht mehr viel gefehlt hätte. Der Konflikt zwischen den beiden hatte schon längst die maximale Eskalationsstufe erreicht. Offensichtlich handelte es sich hier um einen Machtkampf zwischen zwei recht dominanten Leitböcken.

John, der von meinem gedanklichen Berlin-Exkurs vermutlich nichts ahnt, setzt seine Aufklärungsstunde über das Paarungsverhalten afrikanischer Säugetiere fort. Dabei skizziert er ein wiederkehrendes Muster: Bei den meisten Tieren geht es darum, dass Männchen um Weibchen kämpfen, mal um einzelne, mal um einen ganzen Harem, am Ende setzt sich der Stärkere durch. Ausnahmen gehören natürlich zur Regel. Bei den Pavianen geht es teilweise etwas strategischer zu, da hat auch mal ein Männchen Erfolg, das nicht ganz oben in der Hierarchie steht – vorausgesetzt es hat dem Weibchen lange genug den Hof gemacht, ihr Fell geputzt und Futter gebracht. Und auch die Hyänen weichen von dem Muster »Macho-Männchen umgarnt Weibchen« ab. Da hier die Weibchen die Dominanten sind, versucht der Mann sich durch Unterwerfung attraktiv zu machen. »Doch eigentlich ist es egal, wer wem Avancen macht. Letztendlich dreht sich in der Tierwelt alles darum, einen Partner zu finden und sich zu paaren«, endet John seinen Vortrag.

»Nicht nur bei den Tieren«, kommt ein Zwischenruf aus der letzten Reihe. Ich drehe mich um und sehe Tom und Draco kichernd auf der Rückbank, die offensichtlich gerade Parallelen zum menschlichen Balzverhalten ziehen und diese mit ihren ganz persönlichen Erfahrungen ausschmücken.

Ich muss lächeln, als ich vor meinem inneren Auge meine eigenen Beobachtungen auf dem menschlichen Balzmarkt abspule. So ganz unrecht haben die beiden nicht. Doch ehe ich mich einklinken kann, merke ich, wie im Jeep bereits ein kleiner Überbietungswettbewerb der Männer begonnen hat, wer die lustigste persönliche Balz-Story erzählen kann. Der Testosteronspiegel scheint gerade das höchste Level zu erreichen – das hat mir gerade noch gefehlt.

In diesem Moment vermisse ich Sue, die mittlerweile schon wieder zurück in den Vereinigten Staaten ist. Mit ihr gemeinsam hätte ich eine Chance gehabt, den Männern die

Stirn zu bieten. Doch alleine, dafür fehlt mir die Energie. Leicht genervt lehne ich mich zurück und versuche, mich dem mit Testosteron überladenen Gespräch zumindest mental zu entziehen.

Ich schließe meine Augen. Die Leitbock-Metapher geht mir nicht aus dem Kopf, zu passend ist sie für die Politik. Denn hat sich hier der Leitbock – oder formulieren wir es mal geschlechtsneutral: das Alphatier – innerhalb einer Partei erst einmal durchgesetzt und seine Position ausgefochten, dreht sich anschließend auch vieles darum, den passenden Partner zu finden. Natürlich nicht im wörtlichen, aber im übertragenden Sinne.

Denn anders als in anderen Ländern müssen Parteien in Deutschland in der Regel Koalitionen bilden, wenn sie regieren wollen. Zwar versucht jede Partei im Vorfeld einer Wahl einen Kurs der Eigenständigkeit einzuschlagen und ihr politisches Revier abzustecken. Gleichzeitig ist klar, dass sie nach der Wahl sehr wahrscheinlich eine oder mehrere andere Parteien als Koalitionspartner brauchen wird, um neue Gesetze durchzuboxen. Mit dieser Erkenntnis beginnt das politische Balzverhalten schon viele Monate vor einer Wahl. Ganz subtil natürlich, vieles passiert hinter den Kulissen, doch für den aufmerksamen Beobachter dennoch gut erkennbar.

Wie schräg ist das bitte? Während ich gerade gehörte Beschreibungen des tierischen Paarungsverhaltens abspule, realisiere ich, dass besonders Vogel- und Politik-Balz viele Parallelen haben. Sofort fallen mir Beispiele ein, bei denen die politische Paarungsbereitschaft über ein Federkleid beziehungsweise einen Balztanz signalisiert wurde.

Ein prominenter Vertreter der Federkleidmethode ist Friedrich Merz. Über ein Jahr vor der Bundestagswahl, lange bevor der Machtkampf zwischen Armin Laschet und Markus Söder eskalierte, hoffte auch Merz darauf, für die Union als Kanzlerkandidat in den Wahlkampf 2021 zu ziehen. Um die Öffentlichkeit davon zu überzeugen, dass es ihm nicht nur um das eigene Ego, sondern auch um zukünftige Koalitionen geht, verfärbte er sein Federkleid. In einem vielbeachteten Interview schmückte sich der eher konservative CDU-Politiker mit einem dunkelgrünen Anzug, kombiniert mit einer hellgrünen Krawatte. Ein eindeutiges Flirtsignal an die Kollegen der Ökopartei.

Und er war nicht der einzige Unionspolitiker, der um die Grünen warb. Auch Markus Söder begann früh, den potenziellen Partner zu umgarnen. Nur wählte er eine andere Strategie, setzte mehr auf Zwitschern und Tanzen, wie Ornithologen sagen würden. Hier umarmte er presseöffentlich einen Baum, dort forderte er den Ausstieg aus der Kohlekraft. Das Signal, das er senden wollte, war klar: Ich kann auch Grün!

Und das Objekt der Begierde? Die Grünen nahmen diese Paarungssignale wahr und reagierten auf ihre Art und Weise. Zeitgleich zum 75. Geburtstag der CDU stellten die Grünen ihr Grundsatzprogramm unter dem Titel »Zu achten und zu schützen« vor. Ein Titel, der alle konservativen Herzen dieser Republik vor Freude höherschlagen lässt.

Und als ob die Ökopartei befürchtete, dass ihrem potenziellen Paarungspartner die Signale entgehen könnten, schickten sie einen Präsentkorb mit Ingwer, Rhabarberschorle und einer Kopie des Grundsatzprogramms noch einmal direkt an die CDU-Zentrale. Wären Vögel bei der Balz so offensiv, würde es vermutlich kurze Zeit später schon Nachwuchs geben.

Doch in der Politik ist es dann doch etwas komplizierter als in der Tierwelt. Denn wer heute Balzpartner ist, kann morgen schon wieder Fressfeind sein – gerade im Wahlkampf, der ein einziger Balanceakt zwischen diesen beiden Polen ist. Hinzu kommt, dass am Ende nicht die Balzpartner allein entscheiden, mit wem sie sich paaren, sondern vielmehr die Wähler. Und erst wenn der Wahlkampf überstanden, die Wählerstimmen ausgezählt und das Ergebnis verkündet ist, geht die Politik-Balz in eine neue, alles entscheidende Runde.

So auch in diesem Falle. Denn allen schwarz-grünen Flirtsignalen zum Trotz reichte das Wahlergebnis hinten und vorne für Union und Grüne nicht aus, um mit dem Nestbau loszulegen. Vielmehr erteilten die Wähler den Parteien den Auftrag, nach anderen Paarungspartnern Ausschau zu halten. Partner, die zum Teil eher fremd waren, in deren Richtung die Jahre zuvor kaum Annäherungsversuche unternommen wurden. So kam es, dass sich SPD, Grüne und FDP erst mal vorsichtig beschnuppern mussten.

Erste Signale des Umwerbens wurden gesendet, vor allem von Seiten der SPD und Grünen in Richtung FDP. Mit dem Ziel, diese zu bezirzen, da für die Liberalen eine solche Partnerschaft zweifelsohne das größte Risiko darstellte. Schließlich waren Sozialdemokraten und vor allem die Grünen doch lange die politischen Gegner der FDP gewesen. Doch SPD und Grüne ließen nicht locker, gingen inhaltlich auf die FDP zu, äußerten sich verständnisvoll für deren schwierige Situation, suchten immer wieder nach Gelegenheiten, Vertrauen aufzubauen. Eine wichtige Währung im Politik-Dschungel.

Nach und nach ließ sich die FDP auf die Balz ein, sendete ihrerseits Annäherungssignale. Eine Beziehung auf Augenhöhe wurde zwischen den Paarungspartnern geschaffen und schließlich wagte man sich an den gemeinsamen Nestbau – den Koalitionsvertrag – heran. Dieser lief sicherlich nicht immer harmonisch ab, zu unterschiedlich waren die Positionen und Ansichten. Doch am Ende hatte die Balz Erfolg. Das rot-grün-gelbe Nest bestand die Endabnahme. Vielleicht ein wenig so wie beim Webervogelmännchen und seiner Angebeteten.

Ich fröstele. Weniger wegen der Vorstellung, wie hinter verschlossenen Türen bei Verhandlungen zwischen SPD, Grünen und FDP vermutlich immer wieder die Fetzen geflogen sind, sondern vielmehr, weil es kühl geworden ist. Die Sonne ist untergegangen, ohne dass wir es bemerkt haben. Zu sehr waren wir in den Paarungsanekdoten vertieft, jeder auf seine Art und Weise. Und irgendwie muss ich mir eingestehen, dass Johns Strategie wieder einmal aufgegangen ist. Meine Big-Five-Depression ist verschwunden.

Obwohl wir heute keines der großen Tiere gesehen haben, war es doch ein schöner, sehr unterhaltsamer Tag.

Daniel lenkt den Jeep in Richtung Camp zurück. Wir fahren den Sandweg entlang, um uns herum verlieren sich die Büsche und Bäume in der Dunkelheit, nur noch ihre Silhouetten sind zu erkennen. Verstohlen blicke ich mich um, auch die anderen sehen zufrieden aus. Jeder hängt seinen Gedanken nach, nichts Ungewöhnliches für die Rückfahrt. Auch Ranger brauchen schließlich mal eine Sendepause. Ich nutze die Zeit, um meine Eindrücke vom Tag zu verarbeiten.

Plötzlich durchschneidet ein lautes, markantes Brüllen die ruhige Abendstimmung.

Es ist ein echtes Brüllen, deutlich lauter als das Antilopenmännchen heute Nachmittag. Dieses Geräusch geht durch Mark und Bein.

Intuitiv schaue ich zu John, entdecke in seinen Augen wieder den Anflug von Aufregung, wie bei einem Fünfjährigen kurz vor der Bescherung an Weihnachten. Könnte das der Löwe sein? Wir hören das Geräusch ein zweites Mal, wie ein tosender Donner durchschneidet es die Luft, geht über in die Erde und lässt sie vibrieren. Kein Zweifel, das ist ein Löwe!

Wir folgen dem Brüllen in Richtung Norden. Ich habe keine Ahnung, wie weit das Raubtier von uns entfernt ist, doch John navigiert Daniel mit knappen Anweisungen durch die abendliche Dämmerung. Es scheint, als besäße er einen inneren Kompass, der genau weiß, welche Abzweigung wir nehmen und welchen Busch wir links liegen lassen müssen, um den Löwen zu Gesicht zu bekommen.

Ich habe die Orientierung mittlerweile komplett verloren, auch durch die Dunkelheit, die sich mittlerweile über uns gelegt hat. Die Scheinwerfer unseres Jeeps verbreiten nur schwaches Licht, erfassen gerade mal wenige Meter von der Straße, auf der wir fahren.

Ich greife in meinen Rucksack und hole die Taschenlampe heraus, heilfroh, dass ich sie nach dem Mittag noch eingepackt habe. Den Lichtkegel meiner Lampe lasse ich über das knöchelhohe Gras links vom Jeep gleiten, auf der Suche nach Augen oder anderen Auffälligkeiten. Plötzlich halte ich inne, war da was?

Gerade als ich mich zu John umdrehen will, sagt der mit gedämpfter Stimme: »Wir haben sie gefunden!«

Er schwenkt seine Taschenlampe ebenfalls auf die Stelle, die ich gerade ins Visier genommen hatte. Dort liegen zwei Gestalten am Boden, ein Löwenmännchen und ein -weibchen, die es sich im Gras gemütlich gemacht haben.

Doch der Schein der Gemütlichkeit trügt. Wenige Sekunden später steht die Löwenlady auf, stupst mit ihrer Schnauze das Männchen an, verspielt und bestimmend zugleich. Der Löwe schüttelt sich, erhebt sich träge. Sie beschnuppern sich kurz, umkreisen sich. Ich halte den Atem an, bin gespannt, was passiert.

John hilft uns auf die Sprünge: »Volltreffer! Wir erleben sie direkt bei der Paarung«, flüstert er uns zu.

Genau in dem Moment legt sich das Weibchen auf den

Boden, das Männchen stellt sich hinter sie, beißt ihr kurz in ihren Nacken. Dann beginnt die Paarung: kurz, schnell, unaufgeregt. Nach weniger als fünf Sekunden ist es schon vorbei, ein Grollen entfährt dem Löwenmännchen, bevor auch er sich wieder ins Gras legt.

Wir alle blicken gespannt auf die Raubkatzen, doch die würdigen weder sich geschweige denn uns eines weiteren Blickes.

»Na, das war ja mal ein Quickie!«, raunt Tom uns zu.

»Das ist total normal«, erwidert John, »der einzelne Paarungsakt dauert zwar nur wenige Sekunden, aber dafür paaren sich Löwen mehr als vierzig Mal am Tag und das bis zu vier Tage am Stück.«

Wie bitte? Ungläubig blicken wir John an, unsicher ob wir uns verhört haben.

Doch dann liefern uns die Turtel-Löwen den Beweis – der nächste Paarungsakt beginnt nur wenige Minuten später. Die Abläufe sind deckungsgleich mit Paarung eins, die Emotionen der Tiere nach wie vor begrenzt, die der Safarigäste umso größer. Was für ein Abschluss von diesem Tag: Alles dreht sich um Paarung!

Kleiner Fehltritt,
große Folgen

Von dem Löwentreffen beflügelt, segeln wir in unsere letzte Ausbildungswoche. Endlich haben wir den König der Tiere gesehen, für mich reicht das, um mit gutem Gefühl die Rangerausbildung abschließen zu können. Denn die vier Wochen haben mir gezeigt, dass ich zwar die afrikanische Wildnis über alles liebe und Natur für mein Leben so wichtig wie die Luft zum Atmen ist, doch hat sich bei mir auch nach und nach die Erkenntnis durchgesetzt, dass ich mir nicht vorstellen kann, tagaus, tagein als Rangerin zu arbeiten und Safarigäste durch die Wildnis zu führen.

Zwar ist der Job wichtig und wunderbar zugleich: Immer draußen unterwegs, mit dem Ziel, die Natur zu schützen und Menschen für Naturschutz zu sensibilisieren. Außerdem ist Safaritourismus in vielen Regionen Afrikas eine bedeutende Wirtschaftsbranche, denn er spült Geld in die Kassen von Nationalparks und schafft Arbeitsplätze in der Region. So kann ein ausgewogener Safaritourismus ein wichtiger Beitrag für den Naturschutz sein und an der einen oder anderen Stelle verhindern, dass Wildnis zerstört und zu Ackerflächen umgewandelt wird. Doch gleichzeitig ist es ein echter Vollzeitjob, den man mit Haut und Haaren leben muss. Ist man mit einer Gruppe unterwegs, ist man rund um die Uhr für seine Gäste verantwortlich, zu jeder Tages- und Nachtzeit. Denn Wildnis schläft nie.

Und zugegeben, die vier Wochen haben mir auch einen anderen Blick auf meinen Politikjob gegeben. Denn so langweilig und eintönig, wie ich ihn in den letzten Monaten empfunden habe, finde ich ihn jetzt mit etwas Distanz gar nicht mehr. Wie so oft ist alles nur eine Frage der Perspektive.

Anders ist das bei meinen Rangerkollegen, die immer noch auf das Diplom am Ende der Ausbildung schielen, das ihnen ermöglichen würde, als Safari-Guide in einem Nationalpark oder in einem Resort zu arbeiten. Gerade für Kabelo, Draco und Tom, die Teilnehmer aus Botswana und Kenia, wäre das Abschlusszertifikat ein großes Glück, da der Rangerjob gut bezahlt ist und sie so ihre Familien versorgen könnten. Auch Peter und Daniel spielen mit dem Gedanken, obwohl es für sie als Europäer deutlich schwieriger werden könnte, einen Arbeitsplatz in einem afrikanischen Land zu bekommen.

Während für mich die Ausbildung mehr eine Mischung aus Adrenalinkick und Selbstfindungsprozess war, ist sie für die Jungs der Beginn einer abenteuergeladenen und naturnahen Zukunft. Doch bevor sie das heißbegehrte Abschlusszeugnis in ihren Händen halten können, müssen sie ein schriftliches Examen inklusive Vogelstimmentest sowie eine praktische Prüfung absolvieren.

Die Anspannung im Camp ist deutlich zu spüren, eine Mischung aus Aufregung und Lampenfieber liegt in der Luft. Unsere Safarifahrten werden auf eine pro Tag eingedampft, damit ausreichend Zeit zum Lernen bleibt. In jeder Ecke zwitschern nun die per App abgespielten Vogelstimmen, um zu üben, einen Gelbschnabeltoko von einem Eisvogel zu unterscheiden. Mehr als sechzig Vogelarten gilt es auseinanderzuhalten, eine der größten Herausforderungen für meine Rangerkollegen. Und nicht selten rutscht dem einen oder anderen ein leiser Fluch heraus. Die eigentlich so geschätzte Vielfalt der Arten wird, je näher die Prüfung rückt, zum großen Stolperstein.

Für die Gruppe ist das eine intensive Zeit, in der wir noch mal mehr zusammenwachsen. Wir motivieren uns gegenseitig, jeder hilft jedem. Und selbst ich, bei der es am Ende um nichts geht, schmeiße mich in die Arena der Prüflinge, helfe ihnen beim Lernen, frage sie ab. Und der Fleiß zahlt sich aus: Bei den täglichen Probe-Vogelstimmentests steigt die durchschnittliche Trefferquote von Tag zu Tag.

Doch wenn ich etwas in meinem Leben gelernt habe, dann, dass Fleiß zwar wichtig ist, der Spaß aber nicht auf der Strecke bleiben darf. Gleiches scheint auch in Botswana zu gelten. So zumindest erkläre ich mir Johns Auftritt, nur wenige Tage vor der Prüfung.

Während wir alle in unsere Bücher vertieft im Halbkreis sitzen, die Köpfe rauchend, stellt sich unser Rangerlehrer breitbeinig vor uns hin. Den dunkelbraunen Hut hat er leicht ins Gesicht gezogen, als wäre er direkt auf dem Sprung ins nächste Abenteuer. Und tatsächlich liege ich mit meiner Vermutung nicht ganz falsch. Denn was John uns eröffnet, ist sein persönliches Abschiedsgeschenk: eine Nacht unter freiem Himmel.

Zugegeben, auch die vergangenen drei Wochen haben wir schon mitten in der Natur geschlafen, nur durch eine Zeltwand von der Wildnis getrennt. Aber heute Nacht wollen wir sogar auf diese letzte Bastion verzichten. Heute Nacht geht es um Natur pur. Allein der Gedanke daran lässt mein Abenteuerherz schon wieder höherschlagen.

Ich eile zu meinem Zelt und packe das Nötigste für die Nacht ein: Isomatte, Schlafsack, Taschenlampe, ansonsten warme Klamotten. Denn bei Temperaturen um den Gefrierpunkt kann die Nacht auch mal zur schlaflosen Zitterpartie werden, das will ich vermeiden.

Kurze Zeit später treffen wir uns am Geländewagen wieder. John zwängt sich hinter das Steuer, vermutlich will er mit seinem raschen Fahrstil und seiner Straßenkenntnis dafür sorgen, so wenig Zeit wie nötig im Auto und so viel wie möglich in der Wildnis zu verbringen. Von uns hat er dafür volle Unterstützung, wir lassen ihn fahren und verzichten ausnahmsweise sogar darauf, ihn mit Fragen zu löchern. Stattdessen fiebern wir alle gespannt dem heutigen Abend entgegen.

Nach knapp einer Stunde Fahrt verlässt John die graubraune Sandpiste und steuert direkt auf einen einladend aussehenden, etwa zehn Meter hohen Affenbrotbaum zu. Die Form dieses Baumes fasziniert mich. Mit seinem dicken, kurzen Stamm und der weiten Krone aus wild geschwungenen Ästen wirkt der Baum so, als wenn er falsch zusammengesetzt wurde, irgendwie unförmig und gleichzeitig doch majestätisch.

Nur einen Steinwurf vom Baum entfernt, bringt John das Auto zum Stehen. »Willkommen an einem meiner Lieblingsorte hier im Busch«, eröffnet er das Open-Air-Spektakel für den heutigen Abend.

Ich finde die Vorstellung bezaubernd, dass trotz der Vielzahl an Bäumen und Büschen, trotz der überall präsenten Schönheit der Natur auch er seine Lieblingsorte hier im Okavango-Delta hat. Dieses prachtvolle Exemplar von einem Baum hat den Titel auf jeden Fall verdient.

Direkt neben dem Affenbrotbaum schlagen wir unser Lager auf. Wir haben nur noch knapp zwei Stunden, bis die Sonne untergeht. Das heißt, jetzt geht es darum, für die Nacht ausreichend Holz zu sammeln, noch mal die Umgebung zu erkunden und das Abendessen vorzubereiten.

Jeder Lichtstrahl muss genutzt werden. Denn wenn die Dunkelheit sich um uns gewickelt hat, werden wir gegenüber der Wildnis das Nachsehen haben. Mit diesem Wissen im Hinterkopf strömen wir aus, sammeln so viel Holz, wie wir schultern können, und tragen es zur Feuerstelle. Ich fühle mich ein wenig wie eine Termite, die eifrig ihren Hügel baut, um sich vor Angreifern zu schützen.

Die gesammelten Äste und Baumstämme türmen sich immer höher, schließlich muss das Feuer die ganze Nacht durchbrennen. Nicht nur weil es uns Wärme in den eiskalten Nachtstunden gibt, sondern auch, weil es wilde Tiere fernhält. Es ist quasi Heizung und Schutzschirm zugleich.

Als der Holzhaufen die Zwei-Meter-Marke erreicht, versucht John uns zu beruhigen: »Das sollte reichen, kommt, lasst uns jetzt den Sonnenuntergang genießen.«

Wir finden einen Platz direkt unter einem knorrigen Baum, von dem wir gut über die weite, flache Landschaft schauen können, den feuerroten Sonnenball im Blick, der langsam in die Erde eintaucht. So sitzen wir dort, inmitten von kniehohen Gräsern und lassen uns von dem stillen Schauspiel der untergehenden Sonne verzaubern. Ein wunderschöner Moment – für die Ewigkeit.

Als die Sonne versunken ist, kehren wir zu unserem Lager zurück. Dort zeigt John uns, wie wir ohne Streichhölzer Feuer machen können. Wir bauen ein Nest aus trockenem Gras, legen ein Holzstück hinein, setzen auf das Holz einen dünnen Ast, den wir schnell zwischen den Händen hin und her drehen. Bei ausreichend Reibung soll das trockene Gras zu glimmen beginnen. So zumindest in der Theorie. Bei mir glimmt nach einigen Minuten nichts, außer meiner Handinnenseite. Auch die anderen mühen sich ab, ohne Erfolg.

Es kommt, wie es kommen muss: Mit der Dunkelheit im Nacken legt John selbst Hand an, kurz darauf lodern die Flammen. Vorsichtig füttern wir das Feuer mit Holz, erst mit kleineren Ästen, später dann mit größeren Holzstücken. Die erste Glut nutzen wir, um den Fisch zu dünsten, den John für das Abendessen eingepackt hat. Kombiniert mit Salat und Brot ist es das beste Essen, das ich seit Langem genossen habe. Für mich ein kleines Wunder, denn eigentlich mag ich gar keinen Fisch. Aber vermutlich ist es das besondere Flair, die knisternde Stimmung und das fesselnde Licht des Sternenhimmels, das an diesem Abend den Fischliebhaber in mir aufleben lässt.

War die Rangerausbildung bisher schon ein Abenteuer, ist die heutige Nacht nun die höchste Spitze der Bergkette – der Olymp eines jeden Abenteuerjunkies. Um zu überleben, brauchen wir genau zwei Sachen: ein brennendes Lagerfeuer und scharfe Sinne.

Nach dem Abendessen werden alle Speisereste gut verpackt, damit der Duft keine Vierbeiner anlockt. Danach folgt der letzte Programmpunkt für heute: die Einteilung der Nachtschichten. Denn unter freiem Himmel schlafen heißt auch, dass immer eine Person aus der Gruppe Wache schieben muss.

Aufgabe des Wachdienstes ist es, das Feuer am Brennen zu halten, Holz nachzulegen und die Umgebung regelmäßig mit der Taschenlampe abzuleuchten. Zwar bin ich zuversichtlich, dass ich das hinbekomme, aber was mache ich, wenn sich plötzlich im Lichtkegel meiner Taschenlampe ein Leopard räkeln sollte? Ich traue mich, die Frage laut zu stellen.

Mit eindringlichem Blick schaut John uns an, erst mich, dann die ganze Runde. »Wenn ihr irgendetwas Seltsames wahrnehmt, sagt mir Bescheid. Weckt mich lieber einmal zu viel als zu wenig.«

Die Anweisung ist eindeutig. Wieder einmal hat John es geschafft, klarzumachen, wie ernst die Situation ist. Obwohl ich über das »zu wenig« in seinen Ausführungen lieber nicht weiter nachdenken will.

Ich kriege die Schicht von vier bis sechs Uhr zugeteilt, die dann fließend in das Frühstück übergeht. Für mich ideal, zwar ist die Nacht kurz, aber zumindest kann ich bis vier Uhr durchschlafen.

»Weckst du mich auf, Tom?«, frage ich meinen immer leicht verpeilt wirkenden Rangerkollegen, der vor mir die Nachtschicht hat.

Er schaut mich mit müden Augen an und nickt mir zu, seine braunen, verstrubbelten Haare wippen dabei auf und ab. »Mache ich, Maria«, beruhigt er mich mit tiefer, leicht kratziger Stimme.

Mit seinem Versprechen im Hinterkopf ziehe ich mich zurück, hole Isomatte und Schlafsack heraus und suche mir einen Schlafplatz in der Nähe des Feuers. Nah genug, dass mich die Flammen noch wärmen. Nah genug, dass mich die Nachtschicht sieht. Denn was ich auf keinen Fall will: während des Schlafs von einem Raubtier verspeist werden. Mit einem letzten Blick in Richtung Sternenhimmel schlafe ich ein.

Die Nacht ist kalt, der Boden hart, der Schlaf unruhig. Immer wieder schleichen sich auf leisen Pfoten Löwen und Hyänen in meine Träume. Mit Angst im Unterbewusstsein und einem hohen Adrenalinspiegel schläft es sich schlecht.

Ich bin froh, als mich eine tiefe Männerstimme schließlich aus dem Schlaf holt. »Guten Morgen, Maria!«

Das muss Tom sein, denke ich, erleichtert, die Nacht hinter mich gebracht zu haben. Doch als ich die Augen öffne, bereit meine Schicht anzutreten, merke ich, dass es nicht Tom ist, der sich über mich beugt. Stattdessen blicke ich in Johns müdes, mit tiefen Augenringen gezeichnetes Gesicht. Auch die Magie der ersten Sonnenstrahlen kann nicht darüber hinwegtäuschen, dass unser Rangerlehrer erschöpft ist. Moment, erste Sonnenstrahlen? Das heißt, es muss später als vier Uhr sein!

John bemerkt meinen verwirrten Blick und erklärt: »Wundere dich nicht, ich habe den Schichtplan kurzfristig über den Haufen geworfen. Tom ist bei seiner Schicht eingeschlafen, das Feuer war komplett runtergebrannt, da habe ich entschieden, einfach selbst weiterzumachen.«

Wie bitte? Feuer aus? Wir alle schlafend, mitten in der Wildnis? Eiskalt läuft es mir den Rücken runter. »Das heißt, wir waren für eine kurze Zeit schutzlos?«, frage ich ihn.

»Kann man wohl sagen«, Johns Blick verdüstert sich. »Einmal wegnicken, kurz einschlafen, nicht mitkriegen, wie das Feuer erlischt, ist verdammt gefährlich.«

Mir wird übel bei dem Gedanken, was hätte passieren können. Noch nie wurde mir so deutlich vor Augen geführt, wie fatal die Konsequenzen eines noch so kleinen Fehlers sein können. Dass er am Ende womöglich das eigene Leben kosten könnte! Ein ziemlich teurer Preis, ich will gar nicht darüber nachdenken.

Mit mulmigem Gefühl im Bauch starten wir in den Tag. So schön, so besonders die Stimmung am Abend noch war, so gedrückt und nachdenklich ist sie nun in den Morgenstunden. Die Entschuldigung von Tom verliert sich im Schatten der Vorstellung, was hätte passieren können, wenn John nicht rechtzeitig aufgewacht wäre und das Feuer wieder entfacht hätte.

Und klar, auch im wilden Berliner Politikbetrieb kann ein Fehltritt das Ende bedeuten. Aber dann ist es im schlimmsten Fall das Ende einer politischen Karriere, in den meisten Fällen nur das Ende von steigenden Umfrage- und Imagewerten. Und selbst wenn Politiker wegen eines Skandals angeschlagen sind, bekommen sie nicht selten eine zweite Chance.

Beispiele dafür gibt es genug und sie ziehen sich durch alle Parteien: Olaf Scholz ist dabei das wohl prominenteste Aufstehmännchen. Als Bürgermeister in Hamburg spielte er im Vorfeld des G20-Gipfels leichtsinnig die Risiken für seine Stadt herunter, verglich den Gipfel mit dem jährlich stattfindenden Hafengeburtstag. Ein schwerer Fehler, wie sich bald zeigte: Hamburg wurde von schweren Ausschreitungen erschüttert, das Schanzenviertel brannte, die Gewalt eskalierte. Die Stadt war nicht vorbereitet. Es gab scharfe Kritik an Olaf Scholz, Rücktrittsforderungen wurden laut. Was folgte? Kurz darauf wurde er Finanzminister in Berlin, wenige Jahre später Bundeskanzler.

Zugegeben, nicht immer vergisst die Öffentlichkeit so schnell wie in der Causa Scholz. Beispiel Wolfgang Schäuble.

Er war einst so tief in die CDU-Spendenaffäre verwickelt, dass er von seinen damaligen Ämtern zurücktreten musste. Doch nur wenige Jahre später wurde er wieder in die Top-Riege der CDU aufgenommen, erst als Minister und später sogar als Bundestagspräsident. Ähnlich ist es bei Grünen-Politiker Cem Özdemir und bei Linken-Politiker Gregor Gysi. Sie beide waren verstrickt in die Bonusmeilen-Affäre, in der es darum ging, dass Politiker ihre dienstlich angesammelten Flugmeilen für Privatreisen nutzten. Beide legten als Reaktion auf die Enthüllungen ihre Ämter nieder, doch kehrten einige Jahre später wieder an die Spitze ihrer Parteien zurück. Cem Özdemir wurde knapp zwanzig Jahre später sogar Agrarminister.

Und auch Annalena Baerbock und Armin Laschet mussten auf schmerzliche Art und Weise erfahren, wie eigene Fehler eine Wahlkampagne ins Schleudern bringen können. Die grüne Kanzlerkandidatin hatte hauptsächlich mit Plagiatsvorwürfen zu kämpfen, bei Armin Laschet als Fettnapf-König war es vielmehr eine Aneinanderreihung von vielen kleinen Fehltritten. Vom Lachen im Flutkatastrophengebiet bis hin zum falsch herum gehaltenen Wahlzettel am Tag der Bundestagswahl. Und auch wenn es sich bei den Fehlern eher um Lappalien handelte, kratzten sie dennoch erheblich an der Glaubwürdigkeit der Kanzlerkandidaten und waren am Ende vermutlich auch ein Grund für die sinkenden Umfragewerte. Doch so bitter es für beide Spitzenpolitiker auch war, den Einzug in das Kanzleramt zu verpassen, so wahrscheinlich ist es, dass sie auch in Zukunft an wichtigen Stellschrauben der Politik drehen werden. Annalena Baerbock als Außenministerin Deutschlands und Armin Laschet als Bundestagsabgeordneter im Auswärtigen Ausschuss.

Diese Auflistung politischer Fehltritte ist nur eine kleine Auswahl und lässt sich schier endlos fortsetzen. Vor allem aber zeigt sie, dass ein Fehler in der Politik zwar kurzfristig zu einem öffentlichen Akt des Zerfleischens führt, doch die Wunden meistens verheilen. Nicht selten können sich angeschlagene Politiker nach einer kurzen Regenerationsphase wieder aufrappeln und politisches Terrain zurückerobern. Wie mein Aufrappeln ausgesehen hätte, nachdem ich von einem Löwen angeknabbert worden wäre, dafür fehlt mir allerdings die Fantasie.

Ich zwinge mich dazu, ein Stück Toast hinunterzuwürgen, auch wenn mir der Appetit so ziemlich vergangen ist. Den anderen scheint es ähnlich zu gehen, gedankenverloren sitzen wir nebeneinander, schlürfen unseren Tee. Unser Schweigen erfüllt die kühle Morgenluft. Uns allen ist klar, dass wir diese Nacht wohl nicht so schnell vergessen werden.

John unterbricht das Schweigen und läutet den Rückweg ein. Dabei lässt er uns die Wahl: Wer will, kann mit dem Jeep zurückfahren und den Vormittag zum Lernen nutzen. Alternativ bietet er an, querfeldein zum Camp zurückzumarschieren.

Die meisten entscheiden sich für das Lernen, der Prüfungsdruck sitzt ihnen im Nacken. Nur Daniel und ich schließen uns John an. Froh über jede Abwechslung zu den

Theorieblöcken und jeden Moment der körperlichen Ertüchtigung starten wir direkt nach dem Frühstück in der Hoffnung, noch vor der Mittagshitze das Camp zu erreichen.

Einen Großteil des Weges laufen wir schweigend hintereinander her, nur selten macht John einen Stopp, um uns auf Pflanzen und Pilze hinzuweisen. Ich merke, es geht ihm gerade weniger um Wissensvermittlung, sondern vielmehr um das Inhalieren der Natur, das Bewegen der verspannten Muskeln, das Verarbeiten einer aufregenden Nacht. Mir ist das mehr als recht, auch ich nutze unseren Fußmarsch, um die Gedanken in meinem Kopf zu sortieren und Ruhe in Geist und Körper zu bringen. So bewegen wir uns in gleichmäßigem Tempo voran, von Insel zu Insel, über weite Graslandschaften hinweg.

Jedes Mal bevor wir ein flaches Feld, bestückt mit Millionen Gräsern, überqueren, bleiben wir stehen, suchen die Weite nach möglichen Gefahren ab, lokalisieren Büsche, die uns im Notfall Sicherheit geben können. Denn sobald wir den Schatten der Inseln verlassen und die ausgedehnte Graslandschaft betreten, verflüchtigt sich unser Schutzschild aus Bäumen und Gestrüpp. Eine heikle Angelegenheit, die im Falle eines Angriffs hochgefährlich werden kann.

Wieder schlängeln wir uns am Rand einer Insel entlang, die mit Pflanzen bewachsene kleine Oase liegt zu unserer linken, ein ausgetrocknetes Flussbett zu unserer rechten Seite. Der Wind steht gut, er bläst unseren Duft hinaus auf die freie Fläche. So können potenzielle Angreifer, die sich möglicherweise im Dickicht der Insel befinden, uns nicht riechen. Nur Tiere rechts von uns können unseren Duft wahrnehmen, doch durch das gut einsehbare Flussbett würden wir einen Angriff vermutlich frühzeitig bemerken. Das hoffe ich zumindest.

An der Stelle, wo das Flussbett sich stark krümmt und unser Sichtfeld eingeschränkt ist, treten wir aus dem Schatten der Bäume heraus. Als wir den Schutz der Insel verlassen und einen kleinen Haken schlagen wollen, hebt John plötzlich die Hand. Das Signal für uns, stehen zu bleiben.

Keine fünfzehn Meter von uns entfernt grast ein Büffel. Mein Herz rutscht mir in die Hose. Das Tier ist gigantisch, der mit schwarzem Fell bedeckte, massive Körper lässt keine Zweifel aufkommen, warum dieses Tier zu den Big Five zählt. Mein Blick bleibt direkt an den spitz zulaufenden, langen Hörnern hängen, die sich wie eine Warnung auf potenzielle Angreifer richten.

Denn nur weil Büffel in die Kategorie Pflanzenfresser fallen, sind sie keineswegs ungefährlich. Im Gegenteil: In Afrika werden sie auch »der schwarze Tod« genannt. Es kursieren Zahlen, wonach pro Jahr etwa zweihundert Menschen von afrikanischen Büffeln aufgespießt und getötet werden. Besonders in Acht nehmen sollte man sich vor allem vor den älteren, allein lebenden Männchen. Da diese nicht den Schutz einer Herde genießen, so wie Weibchen, jüngere Männchen und der Nachwuchs, reagieren sie schneller aggressiv, wenn sie sich bedroht fühlen. Dann setzen sie ihren bis zu einer Tonne schweren Körper und ihre

Hörner durchaus auch dazu ein, jede von ihnen wahrgenommene Bedrohung in die Flucht zu schlagen oder platt zu machen.

Hatte John nicht erst vor wenigen Tagen die Geschichte von einem botswanischen Bauern erzählt, der auf der Flucht vor einem Büffel auf einen Baum geklettert und zwei Tage nicht mehr heruntergekommen ist, aus Angst um sein Leben? Denn im Falle eines Büffelangriffs geht es nicht darum, keine Schwäche zu zeigen und seinen Mann oder seine Frau zu stehen. Das wäre definitiv die falsche Strategie. Vielmehr lautet die Devise: Renn um dein Leben! Wobei laufen allein auch nicht reicht, dafür sind Büffel zu schnell. Um zu überleben, muss der Sprint kombiniert werden mit anderen Aktivitäten, vorzugsweise mit Klettern oder in die Büsche springen.

Während meine Adern vor Adrenalin nur so strotzen, suche ich die Umgebung intuitiv nach einem Baum ab, den ich erklimmen könnte. Doch noch bevor ich meinen Notfallplan in die Tat umsetzen kann, sehe ich, wie John per Handzeichen gestikuliert, dass wir uns zurückziehen und einen Bogen um den Büffel machen.

Obwohl es sich anfühlt, als würde mein Herz laut wie ein Presslufthammer rattern, zeigt der Büffel sich weiterhin unbeeindruckt, rupft friedlich das Gras aus dem Boden und zermalmt es gemächlich mit seinen Zähnen. Vermutlich hat uns dieses Big-Five-Exemplar noch gar nicht wahrgenommen, zu gut steht der Wind für uns. Unser Interesse daran, etwas zu ändern, liegt bei null.

Mit ausreichend Abstand und dem Wind im Rücken machen wir einen großen Bogen um das Tier, überqueren das Flussbett, steuern auf das schützende Dickicht der nächsten Insel zu, die wenige hundert Meter entfernt liegt. Heute macht mein Schutzengel einen echten Vollzeitjob – erst die Nacht am Lagerfeuer, nun die Begegnung mit dem Büffel.

Noch während mir dieser Gedanke durch den Kopf schießt, dreht sich John, der unser Trio anführt, hastig um und signalisiert uns, erneut die Flucht anzutreten. Ehe ich fragen kann warum, höre ich ein lautes Grummeln aus dem Dickicht. Ein großer, dunkler Schatten taucht auf. Ein zweiter Büffel. Und kein Zweifel: Bei diesem Tier ist die Zeit der friedlichen Nahrungsaufnahme vorbei, vermutlich haben wir ihn gestört, jedenfalls hat er uns bemerkt.

Der Büffel setzt sich in Bewegung, direkt auf uns zu. Unwissentlich scheinen wir ihn bedrängt zu haben. Nur wenige Meter und wildes Gestrüpp trennen das aufgebrachte Tier von uns. Im Bruchteil einer Sekunde lote ich meine Überlebenschancen aus. Bis zum nächsten größeren Baum werden wir es nicht mehr schaffen, unsere einzige Chance sind die eng verflochtenen, schwer einsehbaren und nicht gerade einladend aussehenden Büsche.

So sieht es auch John: »Versteckt euch im Gebüsch!«, ruft er uns zu.

Die Aufregung in seiner Stimme verrät, wie brenzlig die Situation ist. Ehe ich mich versehe, packt er mich am Ärmel, zieht mich mit sich in den nächsten Busch. Äste schlagen mir ins Gesicht, Dornen bohren sich in meine

Haut. Doch wenn es darum geht, das eigene Leben zu retten, sind ein paar Kratzer Nebensache. In einem Moment wie diesem schaltet der Kopf in den Überlebensmodus, der Körper handelt nur noch intuitiv, Schmerz wird ausgeblendet.

Zusammengekauert sitzen wir drei nebeneinander, zählen nur wenige Sekunden, bis der Büffel wild schnaubend an uns vorbeiläuft, hinaus auf die weite Fläche. Gerade noch rechtzeitig sind wir aus seinem Sichtfeld verschwunden. Er scheint nicht bemerkt zu haben, wie wir Hals über Kopf ins dichte Gestrüpp geflohen sind. Wir bleiben gefühlt eine halbe Ewigkeit in unserem Versteck sitzen, der Büffel ist längst nicht mehr zu sehen. Nachdem er das ausgetrocknete Flussbett überquert hat, ist er in der Vegetation der gegenüberliegenden Insel abgetaucht. Doch wir bleiben im Gebüsch. Erst als meine Knie nicht mehr zittern, verlassen wir vorsichtig unser Versteck und tippeln so unauffällig und wachsam wie möglich in Richtung Camp zurück. Von weiteren Zwischenfällen dieser Art bleiben wir zum Glück verschont.

Als wir im Camp ankommen, fällt mir ein Stein – ach was, ein riesiger Felsbrocken – vom Herzen. Erst jetzt realisiere ich, wie knapp das alles war, was passiert wäre, wenn John den Büffel nicht rechtzeitig gesehen hätte. Hier in der Wildnis darf man sich keinen Fehler erlauben, denn es geht um nicht weniger als um Leben und Tod.

Zwei Mal innerhalb von wenigen Stunden wurde mir vor Augen geführt, dass schon ein kleiner Fehltritt große

Folgen haben kann. Ich bin ein bisschen froh, dass ich im politischen Berlin auf der sichereren Seite wohne. Zwar wird Politikern nach einem Fauxpas von der Öffentlichkeit gehörig der Kopf gewaschen, aber nicht von einer Hyäne abgebissen.

Der Kreislauf des Lebens

Die Nahbegegnung mit dem Büffel und die aufregende Nacht in der Wildnis stecken mir tiefer in den Knochen, als ich es für möglich gehalten hätte. Nach der Rückkehr in das Camp und der ersten Euphorie, das sichere Terrain erreicht zu haben, falle ich in ein tiefes Loch, physisch und psychisch.

Auf meinem Körper liegt eine Schwere, ich fühle mich, als hätte ich mit zwanzig Kilo bepackt einen Tagesmarsch zurückgelegt. Meine Muskeln schmerzen von der Anspannung, ich bin erschöpft. Gleichzeitig wabert weiter ein diffuses Gefühl der Angst in mir. Ich lechze nach einer Verschnaufpause, verabschiede mich nach kurzem Small Talk von meinen Rangerkollegen und ziehe mich in mein Zelt zurück.

Als Erstes entledige ich mich der dreckigen Schuhe und der staubgefütterten Fleecejacke. Es ist der Versuch, mit den Klamotten auch gleichzeitig die Erinnerungen abzustreifen. Jedoch ohne Erfolg. Als ich meine Nase nur für einen kurzen Moment an das Fleece halte, kann ich meine eigene

Angst riechen. Der leicht süßliche Schweißgeruch beißt sich in meiner Nase fest und sofort geht das Kopfkino an.

Die Bilder vom aufgeregt schnaubenden Büffel und unserem Sprung in den Dornenbusch kommen hoch, rattern vor meinem inneren Auge ab, immer und immer wieder. Es ist ein bisschen wie ein Film, den ich schon zigmal gesehen habe und von dem ich nicht genug kriegen kann. Zu sehr beschäftigt mich die Frage, ob wir etwas anders hätten machen sollen und wie man solch gefährliche Situationen vermeiden kann.

Dabei kenne ich die Antwort längst: Ich habe mich auf das Spiel der Wildnis eingelassen. Ein Spiel, in dem es um Leben und Tod, Freude und Trauer, Beständigkeit und Vergänglichkeit geht. Wenn man sich an die Regeln hält, die John uns über Wochen eingetrichtert hat, lassen sich Gefahren zwar minimieren – doch ausschließen kann man sie nicht. Das Leben in der Wildnis ist zweifelsohne ein Spiel auf Risiko.

Ich stoße einen tiefen Seufzer aus. Erst jetzt wird mir bewusst, wie sicher und komfortabel eingebettet ich in meiner Berliner Blase lebe. Das Thema Tod kommt in meinem Alltag nicht vor. Das Gefährlichste ist mein täglicher Weg zur Arbeit, mit dem Rad durch Berlin-Mitte, an genervten Autofahrern vorbei, immer den aufheulenden Motor des Linienbusses im Rücken. Klar löst auch das Stress in mir aus. Doch noch nie habe ich in Berlin um mein Leben fürchten müssen, noch nie wurde mir die eigene Vergänglichkeit so deutlich vor Augen geführt. Zum Glück!

Erschöpft lasse ich mich in den Stuhl fallen, massiere meine verspannten Füße mit Daumen und Zeigefinger, lausche dabei mit geschlossenen Augen den Klängen der Natur. Raschelnde Blätter und knackende Äste geben den Beat, auf den Vögel die Melodie zwitschern. Auch mein Atem groovt sich langsam ein, wird immer gleichmäßiger.

Eine halbe Ewigkeit verharre ich regungslos im Moment, die Zeit verliert sich in der Hitze. Ich spüre die Sonnenstrahlen auf meiner Haut, die vorsichtig ein paar Glückshormone aus mir herauskitzeln. Ich bin glücklich über mein Leben in Berlin und dankbar, diese Auszeit machen zu dürfen mit all ihren Erfahrungen. Peu à peu finde ich zurück zu meinem inneren Gleichgewicht.

Erst als ein dunkler Schatten auf mein Gesicht fällt, erwache ich aus meinem meditativen Trance-Zustand und öffne die Augen. Vor mir steht Kabelo, der sich offenbar leise angepirscht hat, um mich nicht zu erschrecken. Mit wachem Blick schaut er mich an.

»Geht's dir gut, Maria?« Ein Hauch von Sorge schwingt in seiner Stimme mit.

In diesem Moment weiß ich, dass Kabelo nicht nur fachlich das Zeug zum Ranger hat. Er hat auch die seltene Gabe, beruhigend auf seine Mitmenschen zu wirken. Allein seine Stimme und seine Anwesenheit sind Balsam für mich.

Dankbar schaue ich zu ihm hoch: »Ja, klar. War alles ein bisschen viel, aber geht schon besser«, sage ich und ringe mir ein Lächeln ab.

Aufmerksam mustert Kabelo mein Gesicht, nickt mir

kurz zu, als wolle er mir signalisieren, dass er mir glaubt. Dann setzt er sich neben mich auf den zweiten Stuhl. Schweigend schauen wir auf die Graslandschaft, ohne groß Worte zu verlieren, genießen die Szenerie der Wildnis. Es tut gut, Kabelo an meiner Seite zu haben und mit ihm gemeinsam die Stille zu zelebrieren.

Schließlich unterbricht er das Schweigen, vorsichtig, mit sanfter Stimme: »John will mit uns heute noch eine Fahrt durchs Gelände machen.«

Fragend kräusele ich die Stirn. Warum will John noch einmal raus? Eigentlich hatte er angekündigt, dass wir den Rest des Tages im Camp bleiben. Die anderen haben in vier Tagen Prüfung, da soll jede freie Minute fürs Lernen genutzt werden.

Und für mich ist es nun eigentlich an der Zeit, mit dem Packen zu beginnen. Da ich die Prüfung nicht mitschreibe, werde ich schon früher das Camp verlassen. Mein Plan ist, noch ein paar Tage Zivilisation in Maun zu genießen, bevor es für mich zurück nach Deutschland geht.

Kabelo scheint meine Gedanken lesen zu können und zuckt mit den Schultern: »Keine Ahnung, was er vorhat. Ich weiß nur, dass wir uns in fünfzehn Minuten am Jeep treffen.«

Mit diesen Worten erhebt er sich aus seinem Stuhl, legt seine Hand kurz auf meine Schulter. Dann dreht er mir den Rücken zu und trottet mit ruhigem Schritt den Trampelpfad entlang in Richtung Feuerstelle, wenige Sekunden später ist er hinter den Büschen verschwunden.

Irritiert bleibe ich zurück. Dass John den Tagesplan einfach umwirft, passt gar nicht zu ihm. Schon gar nicht wenige Tage vor einer Prüfung. Normalerweise ist er die mahnende Stimme, die an uns appelliert, die Prüfung nicht auf die leichte Schulter zu nehmen. Aber gut, wenn unser Rangerlehrer zu einer Spontan-Safari einlädt, wird er schon gute Gründe haben.

Außerdem sollte ich jede Gelegenheit nutzen, noch mal auf Safari zu gehen. Denn viele Chancen wird es dafür vor meiner Abfahrt nicht mehr geben. Vielleicht ist es heute sogar die letzte Möglichkeit, bevor ich in das Flugzeug in Richtung Deutschland steige.

Ich packe meine Sachen zusammen, streife mir mein frisch gelüftetes olivgrünes Longsleeve über, klopfe meine dreckigen Schuhe kräftig aus, bevor ich sie wieder anziehe, und hänge mir mein Fernglas um. Dann folge auch ich dem Trampelpfad, den Kabelo genommen hat.

Als ich aus den Büschen heraustrete, sehe ich, wie die anderen mit John im Halbkreis um den Jeep herumstehen, ihre Gesichter sehen ernst aus.

»Was ist los?«, platze ich in die Runde.

Erschrocken blicken sie mich an. Zu sehr waren sie in das Gespräch vertieft, als dass sie mein Ankommen bemerkt hätten. Alle Blicke richten sich jetzt auf mich, die Stimmung ist zum Zerschneiden.

John holt tief Luft, bevor er mit dem Sprechen beginnt: »Steve hat heute eine unschöne Entdeckung gemacht …«

Steve, ein Campmitarbeiter, war morgens in der Stadt

einkaufen, auf der Rückfahrt entdeckte er einen toten Elefanten, nicht weit von unserem Camp entfernt. Johns Bericht erwischt mich kalt. Von der Buchung der Safariausbildung vor wenigen Monaten bis jetzt hatte ich noch keinen Gedanken daran verschwendet, dass ich auch tote Tiere sehen würde. Schon gar nicht einen toten Elefanten …

Und die Frage ist auch, will ich das überhaupt? Zu sehr habe ich die Dickhäuter in mein Herz geschlossen, bei jedem Zusammentreffen faszinieren sie mich aufs Neue. Doch ich ahne, warum John uns hier zusammengerufen hat. Vermutlich will er mit uns zu dem Kadaver fahren.

Genau in diesem Moment dringt seine Stimme zu mir durch: »Das ist eine großartige Chance für euch als angehende Ranger, so eine Situation gibt es nicht oft.« Damit bestätigt er meine Befürchtungen.

Ich merke, wie sich das gerade erst abgeschüttelte Unwohlsein in mir wieder ausbreitet. Bei der Vorstellung, einem toten Elefanten gegenüberzustehen, stellen sich mir die Nackenhaare auf. Nicht nur, dass ich die Dickhäuter lieber lebendig in Erinnerung behalte. Auch fühlt es sich falsch an, mit Fotoapparat und Videokamera ausgestattet einen Kadaver aufzusuchen.

Verunsichert blicke ich in die Runde, schaue wie die anderen reagieren. Was ich sehe, ist eine Mischung aus angeekelter Zurückhaltung und beschämender Neugier. Bei mir hingegen sind es deutliche Symptome der Abneigung. Ich habe eine klare Präferenz, dass wir diese Safari nicht machen sollten.

Tote Tiere sollte man ruhen lassen und nicht begaffen wie eine Sehenswürdigkeit. Davon versuche ich auch meine Gruppe zu überzeugen. Mit Verweis auf Ranger-Ethik und Wildnis-Knigge argumentiere ich gegen eine Ausfahrt. Aufmerksam hören sie mir zu, auch sie sind lange unentschlossen. Wir beschließen, darüber abzustimmen, ob wir zu dem Leichnam fahren. Doch am Ende setzt sich die Neugier durch. Ich bin die Einzige, die sich gegen die Kadaver-Safari ausspricht.

Abstimmungen zu verlieren, ist für mich nicht neu, das kenne ich aus der Politik. Doch diese Niederlage trifft mich besonders. Während die anderen in den Jeep springen und sich verteilen, bleibe ich vor dem Auto stehen. Immer noch arbeitet der Widerstand in mir. Mit ruhigem Schritt kommt John auf mich zu, legt seine Hand auf meinen Arm, seine Augen werben um Vertrauen.

»Maria, ich fände es gut, wenn du mitkommst, da sonst niemand mehr im Camp ist, der dich notfalls beschützen kann.«

Ein paar Sekunden braucht es, bis die Worte zu mir durchdringen. Kurz lote ich meine Optionen aus: Den toten Elefanten will ich nicht sehen, doch allein zurückbleiben auch nicht. Damit habe ich dann wohl die Wahl zwischen Pest und Cholera. Resigniert zucke ich die Schultern, kapituliere vor meinem inneren Bauchgefühl und setze mich in die letzte Reihe des Jeeps. Fast so, als wolle ich klarmachen, dass ich zwar physisch mit an Bord bin, aber mich psychisch komplett rausziehe.

Vor mir verlieren sich meine Kollegen in belanglose Gespräche, vermutlich um ihre Aufregung zu überspielen. John sitzt am Steuer, der Mitarbeiter Steve auf dem Beifahrersitz. Bislang ist mir der kleine, schmächtige Botsuaner kaum aufgefallen. Im Camp hat er zwar stets dafür gesorgt, dass das Essen pünktlich auf dem Tisch stand, doch an Gruppenaktivitäten hat er sich nicht beteiligt. Erstmals mustere ich ihn genauer, die freundlichen Augen, das leichte Lächeln um seine Mundwinkel. Selbst jetzt noch, in dieser seltsamen Situation. Doch der Fund des toten Elefanten scheint ihn nicht zu treffen. Fröhlich unterhält er sich mit John und navigiert uns fast beiläufig zum Totenschauplatz.

Wüsste ich es nicht besser, würde ich denken, wir sind gerade auf einer ganz normalen Safari. Doch die aufgesetzte Stimmung im Jeep kann nicht darüber hinwegtäuschen, dass sich mit jeder Minute Fahrt die Kulisse verdüstert. Der Tod des Elefanten ist zu spüren, lange bevor wir den Leichnam erreichen.

Schon aus weiter Entfernung sehen wir Geier, die hoch am Himmel ihre Kreise ziehen. Wir halten Kurs auf die Vögel, die auch »Wegweiser des Todes« genannt werden. Denn Geier können tote Tiere innerhalb kürzester Zeit lokalisieren, mit der Absicht, das Aas zu verspeisen. Damit verhindern sie, dass Kadaver vergammeln und sich gefährliche Krankheiten ausbreiten. Doch so zentral die Bedeutung der Aasvögel für das Ökosystem ist, so beunruhigend ist ihre Wirkung auf mich.

Je näher wir den kreisenden Geiern kommen, umso unheimlicher wird die Szene. Denn sie fliegen nicht nur in der Luft, auch die Bäume links und rechts vom Weg ächzen unter der Last der vielen Geier, die auf den Ästen lauern. Bestimmt hundert von ihnen haben sich versammelt, in freudiger Erwartung auf den Totenschmaus. Ein makabreres Empfangskomitee hätte ich mir nicht ausmalen können.

Die düstere Anmutung dieser Situation überfordert mich. Eine leichte Übelkeit steigt in mir auf. Von dem, was John uns vom Fahrersitz aus zuruft, schnappe ich nur Wortfetzen auf.

» … denn Geier haben bestechend gute Augen und können einen Kadaver aus großer Entfernung sehen.«

Bevor mein Gehirn diese Informationen überhaupt verarbeiten kann, sehe ich den mannshohen, grauen Hügel, auf den der Jeep zusteuert. Dort liegt er auf dem Boden, der leblose Körper des Elefanten, die schlaffe Haut mit weißem Geierkot gesprenkelt.

Ich halte die Luft an. Etwa zwanzig Geier hüpfen um den Leichnam rum, suchen ihren Platz nah am Kadaver. Andere sitzen direkt auf dem toten Körper, verteidigen ihren Platz mit aller Vehemenz gegen Konkurrenten – sozusagen als Poleposition für die Buffeteröffnung, die offenbar bisher noch nicht stattgefunden hat. Vermutlich ist die Haut des Elefanten zu dick, als dass die Geier sie problemlos aufpicken können.

Einige Meter vom Leichnam entfernt stoppt John den Jeep. Eine unheimliche Stille legt sich über das Auto, ein leichter Verwesungsgeruch schlägt uns entgegen.

John dreht sich um, die Stirn besorgt in Falten gelegt: »Alles okay bei euch?«, fragt er in die Runde, dabei bleibt sein Blick auffällig lange an mir haften.

Ich ringe mir ein Nicken ab. In diesem Moment reicht mir Draco eine kleine Creme-Schatulle.

»Nimm ein bisschen Tiger Balm, das überlagert den Verwesungsgeruch«, raunt er mir zu.

Froh über diesen Hinweis verteile ich eine ordentliche Portion von der nach Eukalyptus riechenden Salbe unter meiner Nase. Und tatsächlich hilft es, den Kadavergeruch zu verdrängen. Auch John greift sich die Schatulle, nimmt einen tiefen Atemzug von der Salbe und schmiert sie sich ins Gesicht. Dann wirft er einen prüfenden Blick auf die Umgebung, schultert sein Gewehr und steigt aus. Mit einem kurzen Handzeichen macht er uns klar, im Jeep zu bleiben.

Langsam und hoch konzentriert geht er in Richtung Elefantenkörper. Ich sehe, wie angespannt sein Körper ist. Denn eins ist klar: Ein so großer Kadaver zieht nicht nur Geier an, auch für Raubtiere ist er ein gefundenes Fressen. Die Wahrscheinlichkeit, dass ein Löwe oder Leopard unweit im Gebüsch lauert, ist hoch. Das erklärt Johns Vorsicht.

Doch die Raubtiere halten sich zurück, lediglich die Geier bringen Bewegung in die Szene, als John sich ihnen nähert. Widerwillig verlassen sie ihren Platz und fliegen in die Baumkronen der umliegenden Bäume. John nutzt die Gelegenheit, den Elefantenleichnam genau zu begutachten. Er umkreist den Körper, kniet sich nieder und murmelt etwas vor sich hin, als würde er versuchen, mit dem toten Elefanten zu sprechen. Nach wenigen Minuten kehrt er zu unserem Jeep zurück, um uns ein Bild von der Lage zu machen.

»Das ist eine Elefantenlady, vermutlich schon sehr alt«, beginnt er seine Analyse. Dass sie keine äußeren Wunden oder Verletzungen hat, spräche dafür, dass sie nicht im Kampf gestorben sei – weder mit anderen Elefanten noch mit Wilderern. »Vermutlich ist sie einfach verhungert«, schlussfolgert John.

Ich erinnere mich, dass wir darüber in der Rangerausbildung schon mal gesprochen hatten. Denn Elefanten fallen regelmäßig die Zähne aus, etwa alle zehn Jahre. Bis zu sechs Mal wachsen die Zähne nach. Doch wenn »die Sechsten« auch ausfallen, ist Schluss. Hier greift die natürliche Selektion der Natur, die Elefanten verhungern im hohen Alter.

»Wenn der Biss fehlt, ist das ihr Ende«, schließt John seine Erklärung ab.

Viele Gedanken und Fragen geistern mir durch den Kopf. Gleichzeitig will ich diesen düsteren Ort immer noch so schnell wie möglich verlassen. Dem Rest der Gruppe scheint es ähnlich zu gehen. Doch bevor wir aufbrechen, greift John in seinen Rucksack und zieht eine kleine Kamera heraus.

»Eine Nachtsichtkamera!«, ruft Tom begeistert.

Mit einem kurzen Nicken bestätigt John, dass Tom recht hat, bevor er zurück zum Elefantenleichnam geht. Wenige Meter davon entfernt, direkt neben einem kleinen Mopane-

Baum, kniet er sich nieder. Vorsichtig baut er die Kamera auf, befestigt sie am Baumstamm, die Linse direkt auf den Kadaver gerichtet. Als er zurück zum Auto kommt, wirkt er zufrieden. Ganz im Gegensatz zu mir, all mein aufgestauter Widerstand bricht aus mir heraus.

»Was soll das?«, blaffe ich ihn an.

Mein schroffer Ton überrascht ihn, entschuldigend hebt er die Hände: »Maria, ich will euch nur zeigen, was heute Nacht hier passiert. Ein toter Elefant zieht in der Regel ein wahres Festival der Tiere nach sich. Für uns Ranger ist das total spannend, schließlich ist das ein Teil der Natur.«

Doch so sehr John auch um Verständnis wirbt, so wenig kann er mich überzeugen. Für mich fühlt es sich schon falsch an, tote Lebewesen im Rahmen einer Safari aufzusuchen – doch zu filmen, das geht gar nicht.

Ich beschließe, die ohnehin angespannte Stimmung nicht weiter eskalieren zu lassen und hülle mich in Schweigen. Auch John belässt es dabei und wirft den Motor an. Ich bin heilfroh darüber, dass wir uns auf den Rückweg machen.

Während das Auto sich in Bewegung setzt, blicke ich ein letztes Mal zurück auf den Kadaver und sehe, wie die Geier sich erneut auf ihn stürzen. Die Zahl hat sich seit unserer Ankunft noch mal fast verdoppelt. Der Tod des Elefanten scheint sich hier in der Wildnis schnell herumzusprechen.

Als wir zurück im Camp sind, ziehe ich mich schnell in mein Zelt zurück. Zwar ist das mein vorletzter Tag mit meinen Rangerkollegen, doch habe ich heute weder Lust auf ein gemeinsames Abendessen noch auf Lagerfeuergespräche.

Stattdessen brauche ich Ruhe und Zeit, meine Gedanken zu sortieren. Die Eindrücke des Tages hämmern in meinem Kopf und wirbeln einiges durcheinander. Irgendwann ist die Erschöpfung so groß, dass ich langsam in den Schlaf falle, hinein in eine unruhige Nacht mit wirren Träumen.

Erst als am nächsten Morgen warmes Sonnenlicht in mein Zelt fällt, enden die Träume von schlaffen Elefantenköpern und wild um sich hackenden Aasvögeln. So müde wie ich gestern war, muss ich vergessen haben, die Fenster richtig zu verschließen. Nur das Moskitogitter hat mich heute Nacht von der Wildnis getrennt.

Ich setze mich auf und blicke hinaus: Die Sonne steht schon hoch am Himmel, John hat uns heute offensichtlich ausschlafen lassen. Mein Körper dankt es ihm. Ich fühle mich deutlich erholter als am Vortag. Die Anspannung ist verflogen, das Adrenalin liegt auf einem normalen Niveau. Ich nehme mir vor, meinen letzten Tag im Camp so gut es geht zu genießen.

Nach einer kurzen Runde Yoga im Zelt gehe ich zu den anderen, die wieder über ihren Büchern brüten. Mittendrin sitzt John auf einem Stuhl, die Füße lässig auf den Tisch gelegt, einen Grashalm zwischen seinen Lippen.

»Guten Morgen, Maria! Ich hoffe, du hast gut geschlafen?«, fragt er mich mit einem Strahlen im Gesicht und zeigt auf eine Thermoskanne mit heißem Wasser. »Wir haben schon gefrühstückt, aber wenn du möchtest, mach dir gerne Tee oder Kaffee.«

Das lasse ich mir nicht zweimal sagen, hole mir einen Tee und setze mich neben ihn. Gerade als ich anfangen will, mich bei ihm für mein gestriges Verhalten zu entschuldigen, schüttelt er den Kopf.

»Ist schon gut, du brauchst nichts zu sagen, das war gestern ein harter Tag für dich. Aber ich find es gut, dass du deinen Widerstand bekämpft hast und mitgekommen bist.«

Damit schafft John es wieder einmal, mich zu überraschen. Seine reflektierte Art und seine Fähigkeit, zur richtigen Zeit die richtigen Worte zu finden, beeindrucken mich. Und nicht nur das: Wie sich herausstellt, haben er und meine Kollegen mir an diesem Morgen bereits einen großen Gefallen getan. Während ich noch friedlich im Bett schlummerte, sind sie zum Elefantenkadaver gefahren und haben die Nachtsichtkamera geholt, sodass ich den Schauplatz des Todes nicht ein zweites Mal besuchen muss. Dafür bin ich ihnen sehr dankbar.

Ich werfe einen kurzen Blick auf die Kamera, die unangetastet mitten auf dem Tisch liegt, zwischen Stapeln von Büchern und Prüfungsvorbereitungen. Mit dem Sichten des Filmmaterials scheinen die anderen auf mich gewartet zu haben. Doch jetzt, wo ich hier bin, werden sie unruhig.

»Können wir uns die Aufnahmen nun endlich anschauen?«, drängelt Tom.

Aber John lässt sich nicht aus der Ruhe bringen, sein Plan ist ein anderer. Bevor wir uns das Material ansehen, will er uns noch mit Theorie versorgen. Wie ein guter Lehrer das eben macht. Und so beginnt er seinen Vortrag über den Kreislauf des Lebens.

»Natürlich ist der Tod eines Individuums oft ein Verlust für die Herde, gerade wenn es sich dabei um so ein erfahrenes Tier wie die Elefantenlady handelt«, holt er aus.

Er ruft uns ins Gedächtnis, dass von der Weisheit der Big Mama nicht selten das Überleben der Herde abhängt. Denn es sind die alten, erfahrenen Anführerinnen, die genau wissen, wo sie auch in Dürrezeiten Wasser und Futter finden können. Wenn sie sterben, sind die Fußstapfen, die sie hinterlassen, groß. Gleichzeitig ist das der Moment, in dem andere Elefantenladys die Chance bekommen, aufzurücken und die Herde anzuführen.

»Und auch andere Tiere profitieren von dem Tod eines ausgewachsenen Elefanten, denn ein solcher Kadaver ist eine echte Kalorienbombe«, fährt John fort.

Klar, die Tonnen an Fleisch, die ein ausgewachsener Elefant auf den Hüften hat, können die Mägen von Löwen, Leoparden oder Hyänen ordentlich füllen. Wir selbst wurden schließlich gestern Zeuge davon, wie viele Geier es allein auf einen einzigen Kadaver abgesehen haben. Und da sind die Raubtiere noch gar nicht mitgezählt.

»Somit ist der Tod eines Tieres auch gleichzeitig immer der Beginn von etwas Neuem«, schließt er seinen Vortrag ab.

Johns Worte ergreifen mich. Mir gefällt der Ansatz, den Weggang eines Lebewesens nicht nur als ein Ende zu sehen, sondern immer auch als einen Anfang. Der Kreislauf des Lebens hört nie auf, er geht immer weiter.

Und so absurd es klingen mag, aber im weitesten Sinne zieht sich dieser Ansatz durch das ganze Leben. Privat wie beruflich. Bleiben wir beim Beispiel der Politik: Auch hier passiert es, dass Herdenanführer ihren Platz in der ersten Reihe räumen müssen, weil ihnen der Biss fehlt oder ihre Zeit abgelaufen ist. Nicht selten wird zu solchen Anlässen medial eine Mischung aus Weltuntergangsstimmung und Zukunftspessimismus verbreitet, gerade wenn Politiker über Jahre und Jahrzehnte an der Spitze ihrer Partei standen. Dabei bringt jeder Rückzug einer politischen Big Mama oder eines Big Papas auch eine große Chance mit sich. Nämlich die Chance auf Erneuerung.

Nach der Bundestagswahl 2013 wurde ich selbst Zeugin eines solchen Erneuerungsprozesses. Die damaligen Promis der grünen Politik – Jürgen Trittin, Claudia Roth, Renate Künast – hatten einen turbulenten Wahlkampf mit Veggie-Day und Steuererhöhungsdebatte hinter sich, in aller Munde war das Image der Verbotspartei, politisch waren die Grünen schwer angeschlagen. Doch während einige kritische Stimmen der Partei bereits den Untergang attestierten, zogen sich die damaligen Spitzengrünen zurück und schafften damit Raum für neue Gesichter, frische Ideen und für einen neuen Drive in der Partei. Keine acht Jahre später haben Annalena Baerbock und Robert Habeck der Partei ein neues Image verpasst und die Grünen in eine Regierung geführt. Doch zur Wahrheit gehört eben auch, dass der Beginn dieser neuen grünen Ära nur möglich war, weil die alten Politik-Größen Platz gemacht haben.

Ähnliche Erfahrungen haben auch andere Parteien gemacht. Besonders prominente Beispiele liefert die CDU.

Als Helmut Kohl sich nach sechzehn Jahren Kanzlerschaft zurückzog, war komplett offen, wer in die Fußstapfen des politischen Schwergewichtes treten würde. Angela Merkel wusste das Machtvakuum gut für sich zu nutzen, erkämpfte sich kurze Zeit später ihren Platz an der Parteispitze und wurde schließlich Bundeskanzlerin. Der Grundstein für die Ära Merkel war gelegt.

Was darauf folgte, ist bekannt. Angela Merkel erneuerte nicht nur ihre Partei und schob diese mehr und mehr in die politische Mitte, sondern sie war auch die erste Frau an der Spitze der Bundesrepublik Deutschland und prägte das Gesicht ihres Landes wie nur wenige vor ihr.

Wie es nach der Ära Merkel weitergeht, bleibt abzuwarten. Die CDU/CSU sortiert sich auf der Oppositionsbank, mit einem deutlich konservativeren Friedrich Merz an der Spitze. Ob er bei der nächsten Wahl auch auf das Kanzleramt zusteuern wird, ist unklar. Doch ziemlich sicher findet sich jemand, der Merkels Fußstapfen ausfüllen wird. Das ist nun einmal der Kreislauf des Lebens.

Das Flimmern des Fernsehers holt mich aus meinen Gedanken zurück. John hat die Nachtsichtkamera an den Bildschirm angeschlossen. Das Bild ist dunkel, die Umrisse des leblosen Elefantenkörpers sind dennoch deutlich zu sehen. Auch wenn ich gestern noch lautstark gegen das Aufstellen der Kamera protestiert habe, muss ich zugeben, dass ich jetzt ziemlich gespannt bin, was heute Nacht rund um den Kadaver passiert ist.

John schnappt sich die Kamera und spult vor, im Zeitraffer läuft die Nacht nun auf dem Bildschirm ab. Stunden werden zu Minuten, Minuten zu Sekunden. Doch was wir sehen, ist eine herbe Enttäuschung. Der Kadaver bleibt unangetastet, kein Tier nähert sich und das über Stunden. Gerade als ich mich damit abfinden will, dass die Nacht wohl eher unspektakulär war, huscht eine Bewegung durchs Bild.

John stoppt den Zeitraffermodus. Wir sehen, wie zwei Wildhunde um den Kadaver schleichen und ihn beschnuppern. Doch auch sie kapitulieren vor der dicken Haut des Elefanten und entfernen sich wieder.

Während John den Film weiterspult, erklärt er: »Solange der Körper noch verschlossen ist, ist es für die Tiere schwer, ans Fleisch zu kommen. Doch auch dafür hat die Natur eine Lösung: Im Körper des toten Elefanten sammeln sich Gase, wodurch es nach wenigen Tagen zu einer Explosion kommt, die die Haut zerfetzt. Sobald sie offen ist, ist das Festmahl eröffnet.«

»John, halt den Film mal an«, ruft Kabelo.

Wieder bewegt sich etwas auf dem Bildschirm. Es sind große Schatten, die sich um den Kadaver herumbewegen. Ich traue meinen Augen nicht. Ist das wahr?

Zu sehen sind drei Elefanten, die sich um den Leichnam versammeln und ihn mit ihren Rüsseln berühren. Zaghaft und vorsichtig. Es wirkt, als wollen sie sich von ihrer Big Mama verabschieden. Ich bin total ergriffen und ein dicker Kloß schiebt sich mir in den Hals.

Doch ehe wir uns versehen, steuert einer der Elefanten direkt auf die Kamera zu. Je näher er kommt, desto weniger sehen wir von der Trauerzeremonie. Stattdessen im Bild: Die massiven Beine des Dickhäuters und sein starker Rüssel, der die Kamera abtastet. Plötzlich wird es schwarz auf dem Bildschirm.

»Ist nicht wahr!«, ruft John, klopft mit seiner rechten Hand einmal auf die Kamera und spult zurück in der Hoffnung, eine plausible Erklärung für das schwarze Bild zu kriegen. Ich muss schmunzeln. Denn ich kenne die Erklärung – in der Politik nennt man das Bild-Störer. Die Idee dahinter ist einfach: Will man verhindern, dass von einem Politiker ein peinliches Foto gemacht wird, stellt man sich als außenstehende Person einfach direkt vor die Kamera. Ich selbst habe das als Pressereferentin schon oft gemacht, bin absichtlich vor die Linse von Fotografen und Fernsehteams gelaufen, um ungewollte Schnappschüsse zu verhindern. Auf die Idee, die Kamera einfach auf den Boden zu feuern, so wie es offensichtlich der Elefant getan hat, bin ich ehrlich gesagt noch nie gekommen.

Doch ganz unabhängig von der Parallele zu meinem beruflichen Alltag verspüre ich eine gewisse Genugtuung. Schließlich haben die Elefanten mit dieser Aktion ihr Recht auf Trauer und Intimität eingefordert. Zu Recht, wie ich finde. Auf meine Bedenken wollte ja niemand hören, dann müssen die Elefanten sich eben selbst Gehör verschaffen.

John spult die Aufnahmen noch etwas vor, hofft auf weitere Bilder, die Aufschluss über das Geschehen in der Nacht geben könnten. Doch der Bildschirm bleibt schwarz.

Offensichtlich haben die Elefanten ihren Job gut gemacht. Die Kamera hat den Rest der Nacht direkt auf der Linse gelegen.

Damit endet unsere kleine Filmvorführung. Während die anderen sich wieder ihren Büchern zuwenden, beginne ich, meine Sachen zu packen und mich mental auf meinen Abschied aus dem Camp einzustellen. Von diesem wilden Fleck Erde, der mehrere Wochen mein Zuhause sein durfte, der mir Abenteuer und Sicherheit zugleich geboten und meinen Blick auf die Welt verändert hat.

Der Zauber der Wildnis hat mich gefesselt, hat mir gezeigt, wie sehr ich die Natur brauche. Und auch meine Rangerkollegen und John sind mir innerhalb weniger Wochen so sehr ans Herz gewachsen, wie ich es nicht für möglich gehalten hätte.

Doch Tatsache ist auch, dass gerade die letzten Tage ordentlich an meinem Nervenkostüm gezerrt haben. Noch nie zuvor habe ich mich mit den Themen Leben und Tod so intensiv auseinandersetzen müssen wie in den vergangenen zweiundsiebzig Stunden.

Mit gemischten Gefühlen werde ich aus dem Camp aufbrechen; die Melancholie der Abreise paart sich mit der Vorfreude auf Deutschland. Denn jedem Ende wohnt ein Anfang inne …

Das Abenteuer geht in die nächste Runde

Die Kuppel des Bundestags leuchtet im warmen Licht der Morgensonne, neben ihr die ruhig vor sich hinfließende Spree, die Sonnenstrahlen glitzern auf der Wasseroberfläche. Mein Berliner Arbeitsplatz präsentiert sich in seinem schönsten Kleid; sommerlich, freundlich, entspannt. Es ist, als hätte Berlin-Mitte meiner Rückkehr entgegengefiebert und einen kleinen Festakt für mich vorbereitet. Dabei wurden keine Mühen gescheut – Sonne, Schäfchenwolken und blauer Himmel sind die Ehrengäste meines persönlichen Empfangskomitees, die Ausflugsdampfer auf der Spree kümmern sich um die akustische Untermalung. Freundlicher kann der Willkommensgruß wohl kaum sein. Beeindruckender als jeder Staatsakt.

Und dennoch beschleicht mich ein seltsames Gefühl, als ich das erste Mal nach mehreren Wochen Auszeit meinen Fuß wieder auf politischen Boden setze und den Bundestag betrete. Unsicherheit keimt in mir auf, was in meiner Abwesenheit wohl passiert sein mag und ob ich das politische

Berlin überhaupt noch wiedererkennen werde. Was ist, wenn ich mich zu sehr entfremdet habe? Was, wenn ich im Politikalltag nicht mehr Fuß fassen kann? Ich schüttele den Gedanken ab, mache einen entschiedenen Schritt durch die sich automatisch öffnende Glastür, hinein in die Sicherheitsschleuse des Deutschen Bundestags.

Ein Ort, der andere vielleicht verunsichert, ist der Ort, an dem sich meine Unsicherheit verflüchtigt und vom Gefühl der Vertrautheit abgelöst wird. Alles ist so, als wäre ich nie weg gewesen. Es sind die gleichen Gesichter, die gleichen Abläufe, die mich empfangen. Eine Polizistin hinter einer Glasscheibe bittet mich höflich, meinen Bundestagsausweis vorzuzeigen. Als ich diesen aus den Tiefen meiner Tasche herauskrame, überfliegt sie ihn mit einem schnellen Blick, mehr aus Routine, schließlich weiß sie genau, dass ich hier arbeite, wir kennen uns schon seit vielen Jahren.

Was folgt, sind ein flüchtiges Nicken und eine kurze Frage, wie mein Urlaub war, mehr beiläufig als wirklich interessiert, dann öffnet sie die Sicherheitsschleuse. Nun bin ich wieder zurück, mitten im Zentrum der Politik.

Der Schauplatz, der sich vor mir auftut, bestärkt das Gefühl der Vertrautheit. Gleich von der ersten Minute an realisiere ich, dass meine Bedenken unbegründet waren: keine Veränderungen im Politikbetrieb. Gestresste Mitarbeiter mit hochroten Köpfen eilen über die Gänge, haufenweise Aktenmappen unter ihren Arm geklemmt, auf dem Weg zum nächsten Meeting. Politiker, herausgeputzt und abgepudert, werfen betont lässig und souverän ihre

Forderungen in die nächstbeste Kamera. Die freudige Begrüßung und die vielen Fragen der Kollegen zu meiner Reise gehen im Tosen des permanenten Telefonklingelns und der E-Mail-Fluten unter. Der persönliche Austausch muss verschoben werden, das Hamsterrad läuft auf Vollspeed.

Alles ist irgendwie wie immer, einzig und allein ich scheine mich verändert zu haben. Denn die Person, die sich heute hinter ihren Schreibtisch schiebt, ist eine andere als noch vor der Auszeit. Irgendwie geerdeter und reflektierter. Ich bin mit einem Batzen Fragen im Gepäck nach Afrika gereist, über mich, mein Leben, meine Zukunft. Bei meiner Rückkehr war mein Rucksack deutlich leichter, einige Fragen konnte ich abladen und durch Antworten ersetzen. Botswana hat etwas mit mir gemacht. Es hat mir nicht nur Luft zum Atmen gegeben, sondern auch die Augen geöffnet. Und mit diesem Weitblick stehe ich nun in meinem Büro, das sich eigentlich nicht verändert hat und doch anders – irgendwie größer – auf mich wirkt. Nur die frische Luft, die fehlt.

Rasch gehe ich zum Fenster und reiße es auf. Tief atme ich ein, rieche die Abgase, höre das Stottern der Autos, die im Stop-and-go-Modus an meinem Büro vorbeituckern. Meine Sinne sind scharf gestellt, plötzlich erwische ich mich dabei, wie ich mich intuitiv im Raum nach einem Notversteck umschaue, das mich im Fall eines Büffelangriffs retten könnte. Als ich einsehe, dass vermutlich die einzige Bedrohung, der ich hier ausgesetzt bin, die Laune meiner Vorgesetzten ist, lasse ich mich erleichtert auf meinen Stuhl fallen.

Vor der Reise war ich angeödet von diesen vier Wänden, ja, genervt von meinem Berliner Leben, hatte aber nicht die Kraft, aus der Tretmühle herauszukommen. Nun sprühe ich vor Energie, habe Lust drauf, mich wieder in den Politik-Dschungel zu werfen. Vermutlich brauchte ich die elftausend Kilometer Entfernung zu meinem Schreibtisch, um zu erkennen, wie viel ich von hier aus bewegen kann.

Es ist zweifelsohne ein Abenteuer, Tiere in der freien Wildbahn zu beobachten. Doch nicht weniger spannend und wichtig ist es, auf politischer Ebene dafür zu sorgen, dass auch in fünfzig Jahren die Tiere noch in ihrem natürlichen Umfeld zu erleben sind und nicht nur als Foto-Highlight in irgendeinem Zoo.

Und vermutlich ist es meine Rolle, mit all meinem Wissen über Politik, Medien und Natur, mich genau an dieser Stelle einzubringen und für den Erhalt der Natur zu kämpfen. Denn wenn alle Abenteurer und Naturschützer als Ranger arbeiten, wird sich nur wenig ändern. Es braucht genauso Naturliebhaber an den Schreibtischen der Politik, um die Weichen für den Naturschutz zu stellen. In Deutschland genauso wie in Botswana.

Doch natürlich ist es eine andere Dimension von Abenteuer, ob man einem Elefanten tief in die Augen blickt oder in die Tiefen von politischen Diskussionen vordringt. Zumindest was die kurzfristigen Effekte angeht. Von Politikdebatten zeigt sich mein Adrenalinspiegel relativ unbeeindruckt, bei lautem Elefantentrompeten schießt er steil nach oben.

Aber wer immer nur auf das große Abenteuer schielt, wird viele kleine, spannende Momente im Leben verpassen. Meine Begeisterung für einen Termitenhügel wäre nie entstanden, wenn ich den winzigen Insekten keine Chance gegeben hätte. Und natürlich weiß ich, dass ich selbst auch nur einen minimalen Beitrag für den weltweiten Naturschutz leisten kann, aber Kleinvieh macht eben auch Mist.

Und gerade darum geht es doch: die kleinen Dinge – Herausforderungen wie auch Erfolge – mehr in den Blick zu nehmen und wertzuschätzen. Ich floh aus meinem Berliner Alltag, weil ich das Abenteuer suchte. Dabei hatte ich übersehen, dass es die ganze Zeit direkt vor meinen Füßen lag. Ich brauchte den Perspektivwechsel, um zu erkennen, was für ein unfassbar spannendes Leben ich hier eigentlich habe.

Doch wer Abenteuer gut meistern will, muss lernen, auf seine Instinkte zu vertrauen; das hat mir Botswana klar gezeigt. Und nicht erst nach zwei Flaschen Wein, sondern mit null Komma null Promille und bei vollem Bewusstsein. Ich bin felsenfest davon überzeugt, dass es meine Instinkte waren, die mich in die afrikanische Wildnis geschickt haben. Irgendetwas in mir wusste, dass ich für ein paar Wochen in die Welt hinausmusste, um meinen Weg hier in Berlin weiter gehen zu können.

Wie lange dieses Bedürfnis nach Abwechslung bereits in mir schlummerte, kann ich nicht sagen, vermutlich aber schon eine ganze Weile. Zu lange hatte ich mein Bauchgefühl im Dauerrauschen ständiger Telefonkonferenzen untergehen lassen. Das darf mir nicht noch einmal passieren. Denn genauso wichtig, wie Instinkte für mein Überleben in Botswana waren, sind sie es auch hier in Deutschland.

Mehr vom Terminplaner als von Instinkten geleitet, verlasse ich das Büro. Ausgerüstet mit Laptop und Notizblock mache ich mich auf zu meiner ersten Sitzung. Der Weg ist bekannt und oft zurückgelegt und dennoch ist mein Blick wacher, als ich durch die Gänge und Tunnel des Bundestags gehe. Während ich bewusst versuche, auch auf kleine Details zu achten, die in den letzten Jahren unter meinem Radar durchgerauscht sind, scannt mein Unterbewusstsein weiter die Notausgangsschilder. Mit freundlichen Grüßen vom Überlebensinstinkt.

Vermutlich ist dieser ganz dankbar, dass ich mich jetzt erst mal nur noch in den Politik-Dschungel werfe, anstatt weiterhin den Spuren der afrikanischen Big Five zu folgen. Und trotzdem weiß ich: Auch die Rückkehr in die Politik birgt Gefahren. Die größte Herausforderung wird vermutlich darin liegen, mich nicht wieder in ein viel zu enges Politik-Korsett pressen zu lassen, das mir die Luft abschnürt. Nicht ein Korsett darf bestimmen, wie viel Freiraum ich habe, sondern ich bestimme, wie viel Raum ich der Politik in meinem Leben gebe.

Für mein ungeduldiges Ich ist das zugegebenermaßen keine einfache Erkenntnis, schließlich war es dadurch ziemlich privilegiert, hatte quasi den alleinigen Zugriff auf mich. Aber ich bin zuversichtlich, dass dieser Teil von mir zurückstecken kann, schließlich hat er schon in Botswana lernen müssen, auch mal kürzerzutreten und meiner anderen, deutlich ausgeglicheneren Hälfte den Vortritt zu lassen. Mit dem Ergebnis, dass das Körper und Geist nur guttut.

Jede Veränderung beginnt mit einer Erkenntnis. So hoffentlich auch in diesem Falle. Wie ich diese am Ende in meinem Alltag umsetzen kann, wird sich zeigen. Einiges ist einfach und schnell anzugehen, anderes braucht vermutlich länger. Aber wo ein Wille ist, findet sich ein Weg. Und womit ich sofort beginnen kann: mir Oasen der Ruhe schaffen. In der Mittagspause lieber eine Runde durch den grünen und naturbelassenen Tiergarten drehen, frische Luft an der Spree tanken, Eichhörnchen und Meisen beim Fressen zusehen, anstatt mich in eine laute und stickige Kantine zu setzen. Oder beim nächsten Weinabend mit meiner Freundin das Handy einfach in den Flugmodus stellen, um dem aufgeregten Berliner Politikbetrieb für ein paar Stunden zu entfliehen.

In diesem Moment klingelt mein Diensthandy, der erste Anruf seit meinem Wiedereinstieg. Vor Aufregung vergesse ich auf das Display zu schauen, nehme blind das Gespräch an.

»Grüne Pressestelle, Maria Henk«, begrüße ich den Anrufer motiviert, ja fast schon euphorisch.

Ich stehe mitten im Zentrum des politischen Berlins, auf der Fraktionsebene des Deutschen Bundestags, kurz vor Beginn der Fraktionssitzungen. Eigentlich ist das heute der denkbar schlechteste Zeitpunkt, um wieder einzusteigen.

Denn an Tagen wie diesen reiht sich Meeting an Meeting, der Stresspegel aller Anwesenden im Bundestag ist doppelt so hoch wie unter normalen Umständen. Andererseits ist es vielleicht gerade der richtige Zeitpunkt, um zu sehen, ob ich mich dem Politik-Sog wirklich entziehen kann. Quasi meine persönliche Schocktherapie.

Um mich herum ist es laut. Hunderte Mitarbeiter, Politiker und Journalisten wuseln herum, alle in Bewegung, Anspannung flattert durch die Luft. Überall stehen Kameras, die Kommentatoren der Fernsehsender überschlagen sich vor Aufregung. Um zu telefonieren, suche ich mir eine halbwegs ruhige Ecke.

Ich höre die Stimme meines Chefs am anderen Ende der Leitung, auch er wirkt aufgebracht. Kurz und knapp skizziert er mir die Situation: Ein Spitzenpolitiker einer anderen Partei hat sich gerade geäußert, wir Grünen müssen umgehend Stellung beziehen. Er wirft mir Aufgaben zu, mit denen ich eigentlich die nächsten zwei Stunden gut ausgelastet wäre, die aber nur dreißig Minuten Zeit haben, denn dann wollen Grünen-Politiker vor die Presse treten.

Ich lege auf, will loslaufen, mitten in die schwirrende und brummende Menschentraube hinein. Doch gerade als ich reflexartig zum Sprint ansetze, schließe ich kurz die Augen, atme tief ein, spüre den Boden unter meinen Füßen.

»Niemals laufen«, höre ich leise Johns Stimme in meinem Kopf.

Ich muss schmunzeln, nun hat es mein Rangerlehrer also doch bis in den Bundestag geschafft, das hätte er sich vermutlich nie träumen lassen. Aber recht hat er: Wer läuft, ist das Opfer.

Kurz sortiere ich für mich alle anstehenden Aufgaben, priorisiere die wichtigsten, die unwichtigen lasse ich hinten runterfallen. Dann gehe ich ruhigen und entschlossenen Schrittes los, bereit, meine Aufgaben zu erledigen, ohne mich wieder in eine Rolle pressen zu lassen.

Adieu Korsett, hallo Abenteuer!

Reisende soll man nicht aufhalten

Die Auszeit in Afrika war für mich ein großes Geschenk. Sie brachte mir Klarheit, wer ich sein will, wie ich leben und arbeiten will. Nicht ein berufliches Korsett soll mein Leben bestimmen, sondern ich selbst entscheide, wie ich es gestalte. Das war definitiv eine der wichtigsten Erkenntnisse, die ich aus der Zeit in Botswana zog.

Doch so motiviert ich in meinen Job auch zurückgekehrt bin, so sehr merkte ich schon bald, wie das Korsett wieder enger wurde. Ich zupfte und ruckelte daran, doch es passte einfach nicht. Ich versuchte es zu öffnen, um zu atmen, reduzierte meine Stunden, gab Verantwortung ab – doch nach weiteren drei Jahren in der grünen Pressestelle musste ich mir eingestehen: Vielleicht ist dieses Korsett einfach eine Nummer zu eng für mich.

Am Ende waren es wieder die Instinkte, die mir sagten, dass der Job einfach nicht in das Leben passt, wie ich es mir wünsche. Ein Leben, in dem ich zwar durchaus politisch gestalten kann, doch gleichzeitig auch meine Freiheiten habe

– für viele Glücksmomente in der Natur, für Outdoor-Abenteuer, für Zeit zum Durchschnaufen und für kreative Projekte. Ein Leben fernab der Großstadt Berlin.

Und obwohl die Grünen nach der Wahl 2021 mit in die Bundesregierung gingen und meine Karriereperspektiven vermutlich nie besser gewesen wären, entschied ich mich, den ausgetretenen Pfad zu verlassen und mir einen neuen Weg durch das Dickicht zu schlagen. Denn auch das habe ich in Botswana gelernt: Nur wer sich traut, seine Komfortzone zu verlassen, kommt voran.

Somit sah ich mich nach Möglichkeiten um, wie ich Klima- und Umweltschutz vom Schreibtisch aus voranbringen kann, aber nicht mehr tagaus, tagein im aufgeregten Politik-Dschungel präsent sein müsste. Und fand einen Weg. Ich wechselte zu einer Nichtregierungsorganisation, mit der Möglichkeit, meine Arbeit überwiegend aus dem Home-office zu wuppen. Für mich die Chance, das trubelige Berlin zu verlassen und zurück in meine Heimat Mecklenburg-Vorpommern zu kehren. Immer auf Tuchfühlung mit der Natur – und auf der Suche nach neuen Abenteuern …

Manchmal zeigt sich der Weg erst,
wenn man anfängt, ihn zu gehen.
(Paulo Coelho)

Danke

Manchmal zeigt sich der Weg erst, wenn man anfängt, ihn zu gehen. Das gilt auch für dieses Buch. Was als kreatives Experiment begann, trägt mittlerweile Titel und Cover. Keine Selbstverständlichkeit. Schließlich wusste ich selbst nicht, ob der Vergleich zwischen politischem Berlin und afrikanischer Savanne funktionieren würde. Aber nur wer sich auf den Weg macht, kommt auch an. Und so begann ich zu schreiben ...

Ein großes Dankeschön an alle, die an das Projekt geglaubt und mich motiviert haben. Insbesondere gilt der Dank meiner Familie, die mir – auch wenn ich mal wieder im Autorinnentunnel abgetaucht bin – stets den Rücken freigehalten hat. Ebenso richtet sich der Dank an Rike, meiner Sparring-Partnerin von Anfang an. Du bist die beste Hobby-Lektorin der Welt! Auch die ordentliche Portion Feedback, die meine Freundinnen Angelique, Sarah und Susi mir nach dem Lesen des ersten Manuskriptes auf den Schreibtisch geschaufelt haben, hat das Buch bereichert. Ganz zu schweigen von den Rückmeldungen meines Bruders Tom, der den Text mit seiner Biologen-Brille durchforstet hat. Bruderherz, du bist der Beste!

Doch ein Buch ist eben mehr als nur ein guter Text. Umso dankbarer bin ich Flo für seine Kreativität, seine Cover-Ideen und nicht zuletzt das pinke Zebra. Auf pink-weißen Hufen ist es in das Projekt getänzelt und daraus mittlerweile nicht mehr wegzudenken. Deine Illustrationen bringen Leben in das Buch, danke Flo! Und obwohl wilde Tiere mir nichts ausmachen, trieb mir die Frage nach Autorinnenfotos Schweiß auf die Stirn. Danke Sophie, dass du dir Zeit für einen wunderbaren, entspannten Shootingnachmittag genommen hast. Erst Fotos, dann Kaffee und Kuchen – ein gutes Rezept, um Shooting-Nörgler wie mich zu motivieren.

Der allergrößte Dank geht an Romy und Tobias vom Kopfreisen-Verlag. Ohne euch wäre dieses Buch vermutlich nie erschienen. Ihr habt die Flamme neu entfacht, als die Glut schon fast erloschen war. Danke für die gute, vertrauensvolle Zusammenarbeit, den wertschätzenden Austausch, eure Expertise. Euer Vertrauen gab mir Rückenwind. Von ganzem Herzen danke dafür!

Und zu guter Letzt richtet sich mein Dank an alle Leser. Vielen Dank für eure Bereitschaft, mit mir auf Reise zu gehen und euch auf das Experiment einzulassen. Ich hoffe, ihr habt es genossen, und freue mich über Feedback und Rezensionen.

Kopfreisen Verlag – Der Verlag für Komfortzonenverlasser, Perspektivwechsler und Kopfreisende.

Die Reise im Kopf beginnt immer dann, wenn du dir darüber bewusst wirst, dass du dein Leben selbst gestalten kannst, deine Komfortzone verlassen und eine neue Perspektive eingenommen hast.

Unsere Autorinnen und Autoren sind Mutmacher und Problemlöser. Sie wollen dich inspirieren, motivieren und einen Impuls geben. Sie sind Experten oder verarbeiten eine eigene Geschichte, geben Tipps und regen dich an, deine Perspektive zu verändern, Denkmuster zu hinterfragen und aus dem Gewohnten auszubrechen.

In jedem Fall wollen unsere Autorinnen und Autoren unterhaltsam erzählen. Nie mit dem erhobenen Zeigefinger, sondern immer mit Verständnis, Einfühlungsvermögen und Empathie. Durch ihre eigene oder ausgedachte Geschichte.

Wir verlegen Unterhaltungsliteratur mit einer bedeutsamen Botschaft – als Roman oder Sachbuch.

Besuch uns unter:

kopfreisen-verlag.de

Diese Impulse sind für dich, wenn dein Alltag zur Routine geworden ist und diese Routine deinen Alltag bestimmt. Wenn du dein Leben eigentlich ganz schön findest, es aber vielleicht mal wieder einen neuen Anstrich gebrauchen könnte. Jeder dieser Impulse stößt dich an, deine Komfortzone ein kleines Stück zu verlassen und neuen Schwung in dein Leben zu bringen.

Wenn du magst, schreibe anschließend jeweils auf, wie es für dich war: Was hat dich vielleicht zunächst gehindert? Wie hast du dich hinterher gefühlt? Hast du dabei etwas über dich gelernt?

Ich wünsche dir viel Spaß mit diesem Journal und beim Entdecken neuer Möglichkeiten!